Cordula Möller | Markus Tiedemann

Philosophische Geschichten

für Kinder und Jugendliche

Kopiervorlagen mit Aufgaben und Frageimpulsen zum Nach- und Weiterdenken

Verlag an der Ruhr

Impressum

Titel
Philosophische Geschichten für Kinder und Jugendliche
Kopiervorlagen mit Aufgaben und Frageimpulsen zum Nach- und Weiterdenken

Autoren
Cordula Möller
Markus Tiedemann

Titelbildmotive
© kallejipp – PHOTOCASE

Druck
Heenemann GmbH & Co. KG, Berlin, DE

Verlag an der Ruhr
Mülheim an der Ruhr
www.verlagruhr.de

Geeignet für die Klassen 5–7

ISBN 978-3-8346-3814-4

Inhaltsverzeichnis

Vorwort 4

Lehrerkommentar 5

Der Lottoschein 8

Der Traum vom Erfolg 12

Für den guten Zweck 16

Das Herz 19

Was wir wissen 22

Die Begegnung mit dem Fremden 26

Bitte nicht abschalten 29

Wirklich? 33

Die Insel 35

Groofies und Duufies 37

Der Marathon 41

Planet Erde 46

Das ewige Leben 49

Fremder Besuch 52

Elli denkt 55

Ich – Zustandsbeschreibung 59

Medientipps 63

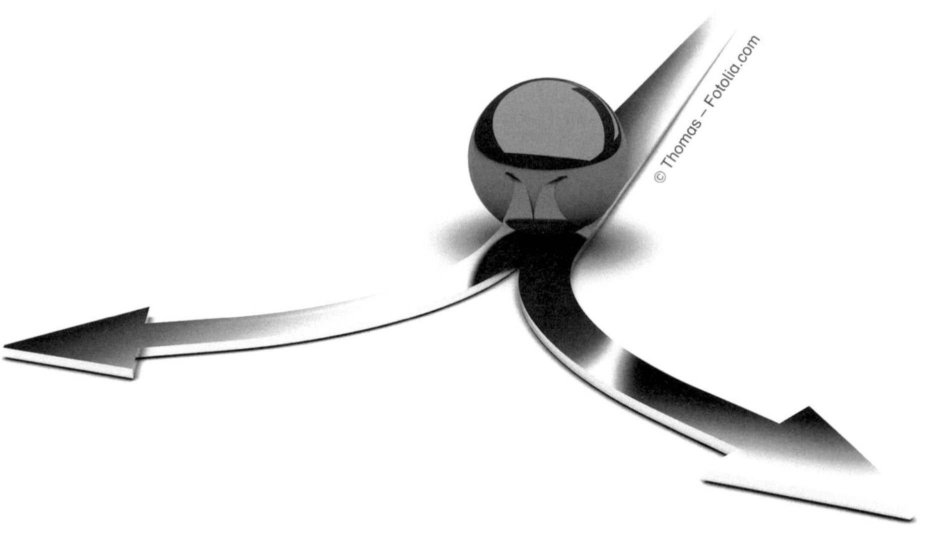

Vorwort

Philosophie und Literatur, Literatur und Philosophie, diese beiden Formen waren seit ihrer Entstehung eng verbunden. Bereits Ilias und Odyssee behandeln elementare philosophische Fragen und Platons Dialoge waren immer auch eine literarische Gattung. Erst als sich die Philosophie zunehmend in den Elfenbeinturm zurückzog, wurden die Synergieeffekte aus den Augen verloren. Seit mehreren Jahren hat nun eine **erfreuliche Gegenbewegung** eingesetzt. Die **Philosophie ist zurück in der Lebenswelt**, sie ist Unterrichtsfach in allen Schulformen und Altersgruppen und muss daher nach angemessenen Medien für unterschiedliche Zielgruppen Ausschau halten.

Geschichten und Erzählungen entfalten eine motivierende Wirkung. Sie bieten Anschaulichkeit und Lebensweltbezug. Es wäre daher fachdidaktisch bedauernswert, dieses Potenzial ungenutzt zu lassen. Gleichzeitig darf sich philosophische Reflexion nicht in literarischen Betrachtungen verlieren. Kerngeschäft philosophischer Bildung ist die Schulung der Urteilskraft. Hierfür gilt es, Maßstäbe, Kategorien und Differenzierungen zu erarbeiten.

„Gedanken ohne Inhalt sind leer, Anschauungen ohne Begriffe sind blind."[1] – Diese Formel der kantischen Erkenntnistheorie beschreibt eine tiefe didaktische Wahrheit. Sie warnt vor blinden Begriffen ebenso wie vor leerer Anschauung. Elfenbeinturmphilosophie ohne jeden Bezug zur Realität wird schnell zum Schattenboxen. Bloße Anschaulichkeit ohne kategoriengeleitete Reflexion verkommt zur intellektuellen Prügelei.

Die **Geschichten und Arbeitsaufträge** in diesem Band verstehen sich als **Problemaufriss** und Hinführung zur systematischen philosophischen Reflexion. Die Inhalte fokussieren auf zentrale Fragestellungen und Probleme der Ethik, der Erkenntnistheorie oder der Anthropologie.
Die Aufgabenstellungen berücksichtigen das Methodenparadigma von Ekkehard Martens[2].
Auf diese Weise entsteht eine **substanzielle Grundlage**, um Schüler[3] an **philosophische Bildung** heranzuführen.

Wir wünschen Ihnen viel Freude bei der Umsetzung der Ideen und dem Philosophieren mit Kindern und Jugendlichen.

Ihre
Cordula Möller und Markus Tiedemann

---

[1] Quelle: Kant, Immanuel: Kritik der reinen Vernunft, Ausgabe der Preußischen Akademie der Wissenschaften: Berlin 1900
[2] vgl. Martens, Ekkehard: Methodik des Ethik- und Philosophieunterrichts. Philosophieren als elementare Kulturtechnik, Siebert: Hannover 2009
[3] Aus Gründen der besseren Lesbarkeit haben wir in diesem Buch durchgehend die männliche Form verwendet. Natürlich sind damit auch immer Frauen und Mädchen gemeint, also Lehrerinnen, Schülerinnen etc.

Lehrerkommentar

Aufbau der Materialien und Erklärung der verwendeten Methoden

Jede der hier vorgestellten Geschichten wird von einer Reihe Aufgaben begleitet, die es den Schülern ermöglichen, sich tiefer gehend mit dem Inhalt der Texte auseinanderzusetzen und sich einen eigenen Standpunkt zu erarbeiten. Die Aufgaben folgen den fünf philosophischen Denkmethoden von Ekkehard Martens: **Phänomenologie – Hermeneutik – Analytik – Dialektik – Spekulation**. Diese strukturieren den Denkprozess und lenken die Aufmerksamkeit der Schüler auf die entscheidenden Details der Geschichten.
Innerhalb der Aufgaben finden sich wiederum unterschiedliche didaktische Methoden, welche die Auseinandersetzung unterstützen, verschiedene Zugänge ermöglichen und den Austausch innerhalb der Lerngruppe fördern.

Im Folgenden finden Sie die Kurzerklärungen zu den verwendeten Methoden.

Das Automatische Schreiben ist eine Methode, mit deren Hilfe man seine Ideen und Assoziationen zu einem Thema, Bild etc. ungefiltert festhalten kann. Die Gedanken werden ohne Unterbrechung aufs Papier gebracht. Die Schüler schreiben – jeder für sich – nieder, was ihnen zu einem Thema, einem festgelegten Begriff oder einer Fragestellung durch den Kopf geht. Rechtschreibung und Grammatik werden dabei nicht beachtet, da sie den Gedankenfluss aufhalten und einschränken.

Das rotierende Partnergespräch ist eine Methode, die es ermöglicht, sich mit verschiedenen Schülern der Lerngruppe zu einem Thema kurz auszutauschen. Die Partnerzusammenstellung folgt dem Zufall.

1. Die Schüler bilden einen Innen- sowie einen Außenkreis, der aus gleich vielen Mitgliedern besteht.
2. Jeweils zwei Schüler (aus dem Innen- und Außenkreis) stehen einander gegenüber. Der Lehrer gibt nun eine Frage vor, sodass der Austausch beginnen kann.
3. Die Schüler erhalten ein Signal, wenn die Gesprächszeit beendet ist. Danach dreht sich der innere <u>oder</u> der äußere Kreis nach Richtungsvorgabe der Lehrkraft weiter, sodass sich wieder neue Gesprächspaare bilden. Dies wird mehrfach wiederholt.
4. Am Ende des gesamten Austausches sprechen die Schüler über ihre Erfahrungen im Plenum.

Die Fishbowl-Methode ist ein Verfahren, um Ergebnisse und Argumente auszutauschen. Anders als bei einer herkömmlichen Diskussion wird hier stärker der Wechsel zwischen Sich-Artikulieren und Zuhören geübt:

1. Eine kleinere Gruppe bildet einen Stuhl-Innenkreis (die Fische) und eine größere, beobachtende Gruppe einen Stuhl-Außenkreis (die Beobachter). Im Innenkreis ist mindestens ein Stuhl unbesetzt.
2. Die im Innenkreis sitzenden Schüler diskutieren die Streitfrage/das Problem. Wenn ein Schüler aus dem Außenkreis ebenfalls etwas zur Diskussion beitragen möchte, kann er in den Innenkreis wechseln, muss aber nach dem Vorbringen seiner Argumente wieder zurück in den Außenkreis.

Lehrerkommentar

Varianten:
- Zu Beginn sind alle Stühle des Innenkreises leer. Wer diskutieren möchte, geht in den Innenkreis. Wenn dieser komplett besetzt ist und noch jemand aus dem Außenkreis mitdiskutieren möchte, muss einer der Fische seinen Platz frei machen.
- Innen- und Außenkreis haben eine feste Besetzung. Nach einer bestimmten Zeit wechseln die Kreise.

3. Nach Ablauf der anfangs festgelegten Diskussionszeit schildert der Außenkreis seine Beobachtungen. Gemeinsam wird versucht, das Ergebnis der Diskussion festzuhalten.

Ein Schreibgespräch ist eine Form der Kommunikation, bei der sich die Schüler schreibend zu einem Thema austauschen. Wichtig ist hierbei, dass keiner währenddessen sprechen darf. Es muss absolute Stille herrschen.

1. Die Schüler bilden Gruppen. Pro Gruppe wird ein großes Blatt Papier (mind. DIN A3) in die Mitte des Gruppentisches gelegt. Die Schüler stellen sich so um den Tisch, dass sie um ihn herumgehen können. Jeder Schüler hat einen Stift.
2. In die Mitte des Blattes wird das zu diskutierende Thema, die strittige These o. Ä. geschrieben oder der zu besprechende Textauszug als Kopie geklebt.
3. Jeder Schüler überlegt für sich, welche Gedanken, Gefühle und welche Meinung er zum Gegenstand des Gespräches (also z. B. zu der Aussage des Textes) hat.
4. Das Schreibgespräch beginnt damit, dass einer oder auch mehrere gleichzeitig ihre Überlegungen auf dem Blatt notieren.
5. Die Schüler lesen die Notizen ihrer Mitschüler und gehen wie bei einem richtigen Gespräch schreibend auf diese ein. Dabei fragen sie sich innerlich, ob sie ihnen zustimmen, manche Dinge anders sehen oder die Notizen sie auf neue Gedanken bringen.
6. Wenn alle Gruppen ihre Gespräche beendet haben, gehen die Schüler durch den Raum und lesen sich die Gespräche ihrer Mitschüler durch. Zu jedem der Gespräche notiert sich jeder Schüler mindestens drei Dinge, die er interessant fand.
7. Am Ende findet ein Austausch über die Ergebnisse der Gespräche mit der ganzen Lerngruppe statt.

Die Gedankenkarte ist eine Methode, um Gedanken zu sammeln und diese zu ordnen. Mit ihrer Hilfe lässt sich ein Thema oft besser überblicken. Die Gedankenkarte kann in Einzelarbeit, in Gruppen oder im Plenum erstellt werden.

1. Die Schüler sammeln schriftlich alle Gedanken, die ihnen zum festgelegten Thema einfallen.
2. Im zweiten Schritt versuchen sie, die aufgeschriebenen Begriffe zu ordnen, z. B. anhand von Oberbegriffen.
3. Nun wird die eigentliche Gedankenkarte erstellt: Das Thema wird in die Mitte des Blattes, Plakates oder der Tafel geschrieben. Die Oberbegriffe bilden nun die Äste, von denen wiederum die Zweige (weitere Begriffe) abgehen. Mit Farben und Symbolen kann die Übersichtlichkeit der Gedankenkarte verbessert werden.

Lehrerkommentar

Die Pro-und-Kontra-Debatte ist eine an strengen Regeln orientierte Methode, die es ermöglicht, unterschiedliche Standpunkte in einem Rollenspiel zur Sprache zu bringen und somit auch die eigene Meinungsbildung zu erleichtern.

1. Nachdem das Thema/die Streitfrage benannt wurde, wird eine Abstimmung in der Lerngruppe durchgeführt. Diese dient dazu, ein erstes Meinungsbild zu erhalten.
2. Nun wird die Lerngruppe in Beobachter sowie in eine Pro- und eine Kontra-Gruppe eingeteilt. Am besten lässt man bei der Einteilung das Los entscheiden, da es bei der Diskussion nicht um die eigene Meinung geht, sondern darum, zu lernen, einen Standunkt zu vertreten.
3. Die Gruppen bereiten sich jeweils auf ihren Teil der Debatte vor, d.h., sie sammeln Argumente für die eigene Position, überlegen aber auch, welche Argumente die andere Gruppe anführen könnte und wie sie diese entkräften könnten.
4. Die Gesprächsleitung (der Lehrer oder zwei Schüler) eröffnet die Debatte. Wichtig ist eine gute Sitzordnung. Alle sollten sich ansehen können.
5. Nun erfolgt ein Austausch der Argumente. Falls nötig greift die Gesprächsleitung ein (z.B., wenn sich immer dieselben Schüler zu Wort melden, etwas unklar ist etc.).
6. Die Gesprächsleitung beendet die Debatte.
7. Die Beobachter versuchen, den Inhalt der Debatte möglichst genau wiederzugeben. Zudem beurteilen sie die Debatte, insbesondere das Verhalten der Beteiligten.
8. Am Ende wird eine Abstimmung in Bezug auf die Ausgangsfrage durchgeführt. Das Ergebnis wird mit dem ersten Meinungsbild verglichen.

Die Placemat-Methode ist ein Verfahren, das ermöglicht, die verschiedenen Gedanken und Ideen der Einzelnen effektiv miteinander in Kontakt zu bringen und zu einem Gesamtergebnis zu vereinen.

1. Die Schüler setzen sich in 4er- oder 3er-Gruppen zusammen. Jede Gruppe erhält einen großen Bogen Papier (mindestens DIN A3).
2. Das Papier wird in gleich große Teile aufgeteilt, sodass jeder Schüler ein Feld zum Schreiben erhält und in der Mitte noch ein weiteres Feld für das Ergebnis der Gruppe übrig bleibt.
3. Jeder Schüler notiert nun auf seinem Feld seine eigenen Gedanken, Ideen, Argumente zur gestellten Frage bzw. zum Thema.
4. Diese Gedanken werden nun innerhalb der Gruppe schreibend ausgetauscht, verglichen und kommentiert. Dazu wird der Bogen Papier so lange weitergedreht, bis jeder Schüler die Notizen jedes anderen Gruppenmitglieds gelesen und wiederum selbst kommentiert und ergänzt hat.
5. In einem Gespräch versuchen die Schüler nun, ein gemeinsames Gruppenergebnis zu formulieren und es in die Mitte des Bogens zu schreiben.
6. Anschließend präsentiert jede Gruppe ihr Ergebnis der Klasse. Dabei sollten auch evtl. aufgetretene Schwierigkeiten zur Sprache kommen (z.B. ob es schwierig war, sich auf ein Gruppenergebnis zu einigen).

Der Lottoschein

Notizen

Maria hockte in ihrer Küche und zog einen glänzenden, für sie perfekten Apfelstrudel aus dem Backofen. Ein Glücksgefühl stieg in ihr hoch. „Endlich", flüsterte sie zu sich selbst. Monatelang hatte sie an diesem Apfelstrudelrezept herumgebastelt. Nie war ihr der Teig gelungen, entweder hatte er sich gar nicht erst ausrollen lassen oder er war früher oder später gerissen, zu dick oder zu knusprig geworden. Und was hatte sie nicht alles versucht – die Zutaten ausgetauscht, ihr Mengenverhältnis verändert usw.

Maria strahlte vor Freude. Sie ließ die Küche, chaotisch wie sie war, zurück. Das würde schon ihre Putzfrau erledigen. Sie hatte gar nicht gemerkt, wie schnell die Zeit vergangen war. Sie musste die Kinder von der Musikschule abholen. Draußen stieg sie in ihren noch neuen Sportwagen und bog schwungvoll um die Kurve. Sie fuhr aus dem kleinen Dorf heraus auf die Küstenstraße. Sie wunderte sich fast selbst etwas, wie glücklich sie der gelungene Apfelstrudel machte und wie wenig Freude sie im Grunde an ihrem teuren Wagen hatte, der sie noch vor Kurzem mit großem Stolz erfüllt hatte. Diese Einsicht machte sie sehr nachdenklich.

Sie schaltete das Radio ein – die Lottozahlen wurden verlesen. Und plötzlich kamen die ganzen Erinnerungen an die Geschehnisse von vor einem Jahr hoch. Damals hatte ihr Dorf im Eurolotto gewonnen – zumindest mehr als ein Drittel der um die 170 Einwohner war über Nacht reich geworden. Solange Maria sich erinnern konnte, spielten sie als recht große Tippgemeinschaft das allen bekannte Glücksspiel.

In den Tagen nach dem Gewinn war das Dorf wie verändert. Auf einmal gab es eine neue Teilung: die in Gewinner und Verlierer. Die Euphorie der Gewinner, die versprachen, ihr Geld auch für die Verschönerung des Dorfes zu nutzen, gewann aber zunächst die Oberhand.

Ihre Freundin Ina hatte ihr Café nun doch nicht wegen der hohen Miete schließen müssen, sondern die Immobilie kurzerhand gekauft. Ihre 80-jährige Nachbarin war nun nicht mehr auf ihre karge Rente angewiesen und konnte sich auch noch am Ende des Monats etwas Gutes zu essen kaufen. Der Bettler von nebenan, dem jemand einen Teil seines Gewinnes geschenkt hatte, hatte nun ein Zimmer gemietet, schlief nachts nicht mehr auf der Bank am Marktplatz und sah seitdem deutlich gesünder aus. Einige hatten es natürlich übertrieben – sie hatten villenartige Häuser gebaut, die grotesk aus dem einfachen Ort herausstachen und eher nach Hollywood gepasst hätten.

Der Lottoschein

Notizen

Die exotischsten Urlaube waren im Reisebüro der Nachbarstadt gebucht worden. Auch die Paketlieferdienste hatten jede Menge zu tun: Sie brachten die bei großen und exklusiven Versandhäusern bestellten Waren, die die Bewohner zu Anfang in Erstaunen versetzten. Mit der Zeit waren das Staunen und die Freude aber immer mehr einer gewissen Langeweile und Gleichgültigkeit gewichen.

Maria selber hatte nun endlich mehr Zeit für ihre zwei fünf und acht Jahre alten Kinder. Vorher hatte sie viel arbeiten müssen, da das Gehalt ihres Mannes ebenfalls nicht hoch gewesen war. Sie waren ausgekommen – aber Maria war oft müde, wenn sie nach der Arbeit auch noch den Haushalt hatte erledigen müssen. Gegenüber den Kindern hatte sie oft ein schlechtes Gewissen gehabt. Ihr Mann war ebenfalls deutlich entspannter und freute sich über mehr gemeinsame Zeit mit ihr. Im Hinblick auf neue Anschaffungen waren sie verhältnismäßig bescheiden gewesen: Ihr Mann hatte sich seinen Kindheitstraum von einem eigenen Segelboot erfüllt – und sie hatte sich den Wagen gekauft.

Was sie zu Anfang nicht bemerkt hatte, war, dass der Zusammenhalt der Bewohner ein anderer geworden war. Viele, die nichts oder weniger gewonnen hatten, waren neidisch und distanzierten sich von den Gewinnern. Man war eben nicht mehr gleich – hatte oft nicht mehr die gleichen Sorgen, Beschäftigungen etc. Maria hatte auf diese Weise einige gute Freunde verloren. Das Leben und der Umgang waren nicht mehr so einfach und selbstverständlich wie früher. Man musste aufpassen, mit wem man sprach und was man sagte.

Maria bremste scharf. An der Straßenseite stand ein junger Mann, der die Hand erhoben hatte. „Ich fahre aber nur bis ins Städtchen", rief Maria durch die offene Fensterscheibe. „Genau da will ich auch hin", antwortete der junge Mann.
Als er neben ihr Platz genommen und sich als Jan vorgestellt hatte, platzte er plötzlich heraus: „Sind Sie auch so eine Gewinnerin aus XXX?" Maria nickte. Jan betrachtete begeistert das Innere des Wagens. „Was für ein tolles Model – Wahnsinn! Es ist unglaublich, welches Glück Sie alle gehabt haben. Sie müssen unglaublich glücklich sein", entfuhr es ihm. „Na ja", antwortete Maria langsam, „so einfach ist das alles nicht." „Wie? Nicht einfach? Kann es sein, dass Sie sehr undankbar sind?" Maria fühlte sich angegriffen und rief ärgerlich: „Sie haben ja keine Ahnung! Im Dorf ist nichts mehr, wie es war. Viele Menschen haben sich verändert. Geld ist nicht alles!" Sie war selbst erstaunt über ihre pessimistischen Worte. Jan antwortete ebenfalls sehr aufgebracht: „Sie haben es leicht, aus Ihrer Position heraus die Weise zu spielen. Ich gäbe einiges dafür, ihren Anteil am Lottoschein besessen zu haben." „Was würden Sie denn mit dem Geld machen?" fragte Maria neugierig.

Der Lottoschein

PHÄNOMENOLOGIE

Beschreibt im Plenum (ohne zu bewerten) genau die Situation der Bewohner des Dorfes XXX **vor** und **nach** dem Lottogewinn. Haltet die beiden Beschreibungen in Stichpunkten an der Tafel fest.

Bildet 4er- oder 5er-Gruppen. Überlegt, warum Maria der Backerfolg so glücklich macht, und haltet eure Ergebnisse in den Gruppen schriftlich fest. Ihr könnt hierzu auch ein Schreibgespräch führen.

HERMENEUTIK

Schlüpfe in die Rolle einer der folgenden Personen und erzähle die Geschehnisse aus deren Perspektive: Marias Freundin Ina, die Nachbarin, der Bettler, Marias Mann, eines ihrer Kinder. Versetze dich dabei genau in die Lage der ausgewählten Person und beschreibe ihre Gefühle und Gedanken.

Stellt eure Erzählungen im Plenum einander vor und vergleicht sie miteinander: Welche Personen haben übereinstimmende oder ähnliche Sichtweisen? Welche Positionen sind gegensätzlich und warum?

ANALYTIK

Bildet 3er-Gruppen. Tragt die in der Geschichte vorkommenden verschiedenen Auffassungen von Glück in eurer Kleingruppe zusammen. Haltet eure Notizen schriftlich fest.

Erstellt im Plenum auf der Grundlage eurer Gruppenergebnisse eine Mindmap zum Thema Glück. Berücksichtigt dabei auch die Unterscheidung von „glücklich sein" und „Glück haben".

Der Glücksforscher Mihaly Csikszentmihalyi beschreibt das Erleben von Glück als *Flow-Erlebnis*, das am Vorhandensein mehrerer Komponenten zu erkennen ist.

Seht euch die im ➲ Kasten auf S. 11 genannten Komponenten des *Flow-Erlebens* an und diskutiert im Plenum, ob in der Geschichte auch ein *Flow-Erlebnis* beschrieben wird.

Überlege dir Beispiele für ein *Flow-Erlebnis* aus deinem eigenen Leben. Warst du in diesen Momenten glücklich? Tauscht euch darüber im Plenum aus.

Der Lottoschein

DIALEKTIK

Gestaltet eine Pro-und-Kontra-Debatte zum Thema „Macht Geld glücklich?“ Teilt die Klasse zuvor in zwei Arbeitsgruppen ein und tragt in diesen sowohl Argumente aus dem Text als auch neue schriftlich zusammen.

Auch dem Gemeinderat ist nicht entgangen, dass sich die Stimmung im Dorf verschlechtert hat. Er tritt zusammen, um über die derzeitige Lage zu sprechen und zu überlegen, was zu tun ist. Spielt die Ratssitzung mit verteilten Rollen. Ziel ist es, am Ende der Sitzung mehrere umsetzbare Vorschläge zu haben, über die die Einwohner später abstimmen sollen.

SPEKULATION

Beantworte die Frage schriftlich und begründe deine Meinung:
War Maria früher glücklicher?

Überlege, welche Antwort Jan Maria am Ende der Geschichte geben könnte, und schreibe sie auf.

Komponenten des Flow-Erlebens

1. Handlungsanforderungen und Rückmeldungen werden als klar und interpretationsfrei erlebt, sodass man jederzeit und ohne nachzudenken weiß, was jetzt als richtig zu tun ist.
2. Man fühlt sich optimal beansprucht und hat trotz hoher Anforderung das sichere Gefühl, das Geschehen noch unter Kontrolle zu haben.
3. Der Handlungsablauf wird als glatt erlebt. Ein Schritt geht flüssig in den nächsten über, als liefe das Geschehen gleitend wie aus einer inneren Logik. (Aus dieser Komponente rührt wohl die Bezeichnung „Flow“.)
4. Man muss sich nicht willentlich konzentrieren, vielmehr kommt die Konzentration wie von selbst, ganz so wie die Atmung. Es kommt zur Ausblendung aller Kognitionen, die nicht unmittelbar auf die jetzige Ausführungsregulation gerichtet sind.
5. Das Zeiterleben ist stark beeinträchtigt; man vergisst die Zeit und weiß nicht, wie lange man schon dabei ist. Stunden vergehen wie Minuten.
6. Man erlebt sich selbst nicht mehr abgehoben von der Tätigkeit, man geht vielmehr gänzlich in der eigenen Aktivität auf (sog. „Verschmelzen“ von Selbst und Tätigkeit). Es kommt zum Verlust von Reflexivität und Selbstbewusstheit.

Quelle: Rheinberg, Falko; Vollmeyer, Regina; Engeser, Stefan: Die Erfassung des Flow-Erlebens, in: Stiensmeier-Pelster, Joachim; Rheinberg, Falko (Hrsg.): Diagnostik von Motivation und Selbstkonzept, Hogrefe: Göttingen 2003, S. 261–279, zusammengefasst nach: Csikszentmihalyi, Mihaly: Beyond boredom and anxiety, Jossey-Bass: San Francisco 1975, Link: http://www.psych.uni-potsdam.de/people/rheinberg/messverfahren/flow-fks.pdf (aufgerufen am 17.07.2017)

Der Traum vom Erfolg

Notizen

Torben ist total frustriert. Solange er denken kann, hat er für das Rennradfahren gelebt. Schon als kleiner Junge hatte er bei den Rennen zugesehen, die sein Vater gefahren war. Schon mit zehn Jahren hatte er jedes Wochenende mit ihm trainiert. Sehr schnell hatte er Erfolg gehabt. Bei seinen Eltern gab es eine Vitrine voller Pokale. All das hatte Torben immer mehr angestachelt und er hatte immer fleißiger trainiert. Schon bald drehte sich bei ihm alles um das Radfahren.

Schließlich kam der große Schritt: das Internat für angehende Leistungssportler. Rennradfahrer und Schwimmer gingen hier zur Schule. Nur hier konnte man intensives Training und Schule unter einen Hut bekommen. Und natürlich kamen hier die Besten zusammen. Eine Trainingseinheit vor der Schule, dann Unterricht und Hausaufgaben und direkt danach zwei weitere Trainingseinheiten. Am Abend wurde noch schnell gegessen, dann Licht aus und gut! Torben hatte nichts dagegen. Im Gegenteil: Genau das war es, was er wollte.

In den ersten Jahren lief auch alles wie erwünscht. Torben hätte sich nie vorstellen können, dass sein Körper diese Leistungen erbringen konnte. Seine Zeiten wurden besser und besser. Schließlich war er so gut, dass er in die erste Mannschaft berufen wurde. Da wollte er hin und da musste man hinkommen, wenn all der Einsatz einen Sinn gehabt haben sollte. Aus der ersten Mannschaft holten die großen Rennställe ihren Nachwuchs. Wer sich hier halten konnte, für den bestand die Möglichkeit, Profiradfahrer zu werden. Das Ziel von Torbens Träumen war zum Greifen nah.

Gelegentlich träumte Torben davon, wie er bei den ganz großen Turnieren mitfuhr. Eine Bronzemedaille bei Olympia, ein Etappensieg bei der Tour de France. Allerdings war das Training mörderisch. Wer hätte gedacht, dass die Intensität des Trainings noch einmal gesteigert werden konnte.

Schon bald hatte Torben mit den Konsequenzen zu kämpfen. Er schlief im Unterricht ein und seine Schulnoten rutschten in den Keller. Wenn es so weiterging, würde aus dem geplanten Abschluss nichts mehr werden. Vor allem aber konnte er das Tempo der Mannschaft kaum noch halten. Der Trainer hatte offen angedeutet, dass Torbens Platz im Team auf der Kippe stand. In drei Monaten war ein wichtiges Turnier in der Schweiz. Am Berg war Torben richtig gut, aber es stand zu befürchten, dass er am zweiten oder dritten Tag das Gesamttempo nicht würde halten können. Schon gar nicht wäre er in der Lage, kurze Zeit an die Spitze zu fahren, um seinen Mannschaftskameraden Windschatten zu bieten.

Gestern nun hatte der Trainer Torben beiseitegenommen. Wie immer war er sehr kurz und direkt. Entweder Torben würde zwei weitere Trainingseinheiten pro Woche auf sich nehmen oder ein anderer würde seinen Platz in der Mannschaft bekommen. Ein Termin mit dem Sportarzt war bereits reserviert. Die Untersuchung sollte nachweisen, dass Torbens Gelenke der zusätzlichen Belastung standhalten würden.

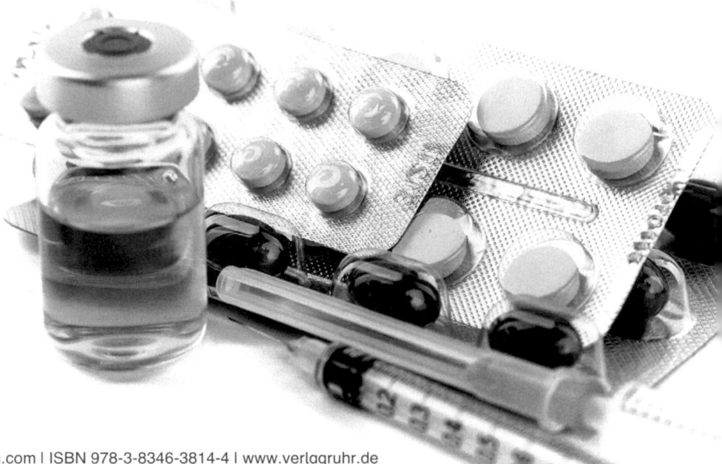

© Verlag an der Ruhr | Autoren: Cordula Möller, Markus Tiedemann | Foto: © bukhta79 – Fotolia.com | ISBN 978-3-8346-3814-4 | www.verlagruhr.de

Der Traum vom Erfolg

Notizen

Nun also saß Torben im Untersuchungszimmer. Die Tests waren bereits abgeschlossen und Doktor Wertmann schaute vielsagend zu ihm herüber. „Nun, Torben", begann er, „mit deinen Gelenken ist alles in Ordnung. Was mir Sorgen macht, ist die Muskelmasse. Um das Tempo der ersten Mannschaft zu fahren, brauchst du mehr Muskelmasse an den Beinen."

„Dafür werde ich ja auch zwei weitere Einheiten trainieren", antwortete Torben. „Ja, ja, schon richtig", murmelte Wertmann, „allein das wird nicht reichen. Ohne ein schnelles Muskelwachstum musst du deinen Platz in der Mannschaft leider räumen."

„Wie bitte!" Torben war fassungslos. „Das ist alles, was Sie mir zu sagen haben? Wissen Sie, wie lange ich schon mein Bestes gebe? All die Jahre Training, Training und noch mal Training! Und dann kommen Sie und sagen ‚es fehlt an Muskelmasse'! Aus, Schluss, vorbei das war's! Das kann doch nicht Ihr Ernst sein."

Wertmann schwieg eine Weile, dann schaute er noch wichtiger über den Rand seiner Brille.
„Wie wichtig ist dir der Radsport, Torben?"
„Da fragen Sie noch? Er bedeutet mir alles!"
„Nun ja", bemerkte der Arzt. „Vielleicht gäbe es einen Weg, wie wir dir schnell zu mehr Muskelmasse verhelfen können."
„Raus damit!", rief Torben.

„Du könntest jeden Donnerstag nach dem Spättraining zu mir kommen. Dann gebe ich dir eine Spritze. Du wirst sehen: Muskelwachstum ist dann kein Problem mehr."

Torben blieb der Mund offenstehen: „Haben Sie mir gerade vorgeschlagen, Dopingmittel zu nehmen?"
„Das hast allein du gesagt", erwiderte Wertmann.

„Doping ist verboten", stotterte Torben.
„Nun ja, an die große Glocke sollte man es nicht hängen", erwiderte Wertmann und lächelte.

„Und dann nehme ich irgend so ein Zeug und meine Muskeln arbeiten, wie ich will?"
„Trainieren musst du natürlich weiterhin", erklärte der Arzt.
„Aber deine Leistungen werden sich deutlich steigern."

„Was ist später?" wandte Torben ein. „Später habe ich dann irgendwelche Nebenwirkungen."

Der Traum vom Erfolg

Notizen

„Das kann nicht ganz ausgeschlossen werden“, gab Wertmann zu. „Allerdings gilt das auch für die vielen Trainingsstunden, die auf deine Gelenke gewirkt haben. Im Alter werden deine Gelenke dir auch ohne Doping Probleme bereiten. Jetzt bist du jung und du träumst doch jetzt von großen Turnieren, oder nicht?“

„Ich will aber gewinnen, weil ich zu den Besten gehöre“, rief Torben. „Was ist der Sieg wert, wenn man beim Arzt nachgeholfen hat. Unfair ist es obendrein.“ Wertmann lächelte und machte eine wichtige Pause, bevor er sprach.

„Und wenn es andersherum wäre, Torben? Wenn die anderen bereits nachhelfen und du zu den wenigen gehörst, die keine Chance haben?“
Langsam ging der Arzt zur Tür, während Torben wie versteinert sitzen blieb.
Im Türrahmen drehte sich Wertmann noch einmal um.
„Ich werde am Donnerstag nach der letzten Trainingseinheit in meiner Praxis sein. Wenn du kommst, bin ich für dich da. Es ist deine Entscheidung, Torben.“

Der Traum vom Erfolg

PHÄNOMENOLOGIE

Beschreibe schriftlich die einzelnen Phasen, die Torben als Radsportler durchlaufen hat. Formuliere zu jeder Phase eine prägnante Überschrift.

Beschreibe die Situation genau, in der Torben seine Entscheidung fällen muss.

HERMENEUTIK

Versetzt euch in die beiden Figuren Torben und Doktor Wertmann und spielt das entscheidende Gespräch zwischen den beiden nach. Erklärt, in welcher Beziehung diese Figuren zueinander stehen.

ANALYTIK

Sammelt im Plenum die Werte und Ziele, die in Torbens Leben eine Rolle spielen, und versucht, diese zu definieren. Haltet die Definitionen schriftlich fest.

Entwerft gemeinsam eine Beziehungsstruktur zwischen den einzelnen Werten. Beispiel: Stolz auf den eigenen Erfolg steht im Widerspruch zu dem Gefühl, betrogen zu haben.

DIALEKTIK

Du bist Torbens bester Freund. Berate mit ihm, was für und was gegen die Einnahme der leistungssteigernden Präparate spricht. Halte die Argumente in einer Pro-und-Kontra-Tabelle schriftlich fest.

SPEKULATION

Entwirf eine Möglichkeit, wie die Geschichte weitergehen könnte. Schreibe deine Variante der Fortsetzung in Kurzform auf. Vergleicht anschließend die verschiedenen Varianten im Plenum.

Angenommen, Torben ist ein alter Mann, der auf sein Leben zurückblickt. Schlüpfe in seine Rolle und erkläre deinem Enkelkind, warum es gut bzw. schlecht war, die Medikamente genommen bzw. nicht genommen zu haben.

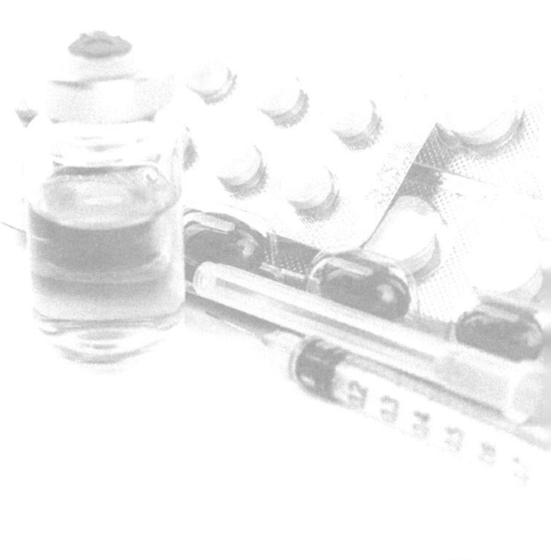

Für den guten Zweck

Notizen

Melanie und Natalia sind frustriert: Seit über einem Jahr haben sie die ganze Schule auf Trapp gehalten, um Spenden zu sammeln. Das Ziel bestand darin, genug Geld zusammenzubekommen, um ihrer Partnerschule in Afrika eine Solaranlage zu finanzieren.

Die Schule dort hat nämlich keinen Anschluss an das Stromnetz. Lesen, Lernen oder auch nur Spielen ist deshalb nach Einbruch der Dunkelheit sehr schwierig. Für die afrikanischen Kinder ist dies ein besonderer Nachteil, da sie die ganze Woche in der Schule verbringen und nur am Wochenende nach Hause fahren.

Aus diesem Grund waren Melanie und Natalia auch von der Idee einer Solaranlage begeistert. Schnell hatten sie nicht nur ihre Klasse, sondern auch die Schülervertretung, viele Mitschüler und sogar einige Lehrer als Unterstützer. Ein Sportereignis mit Sponsoren wurde organisiert, freiwillige Arbeitseinsätze angeboten und Firmen mit der Bitte um eine Spende angeschrieben. Anfangs lief alles fantastisch, doch nach und nach konnte immer weniger Geld gewonnen werden. Am Ende fehlten noch genau 750 Euro, um den Kauf und den Aufbau der Solaranlage zu finanzieren.

Die Mädchen kommen gerade von einem Vortrag zurück. Eine politische Vereinigung hatte Sie eingeladen, das Projekt mit der Solaranlage vorzustellen.

Tatsächlich hatte man ihnen anschließend die großzügige Unterstützung von 500 Euro zugesagt. Das Problem: Die Zusagen der meisten anderen Geldgeber waren an die Frist eines Jahres gebunden und die lief morgen ab. Auch gibt es niemanden, den sie noch um Unterstützung bitten könnten. So knapp vor der Ziellinie und doch gescheitert!

Traurig sitzen die Mädchen im Bus. Außerdem ist ihnen ein bisschen unheimlich. Na klar, der Busfahrer ist da, aber es ist schon dunkel und außer ihnen gibt es nur einen Fahrgast. Ein schmieriger, offenbar angetrunkener Typ, der die Mädchen schon an der Bushaltestelle nicht in Ruhe lassen konnte.

Für den guten Zweck

Notizen

Er hatte ihnen erzählt, dass er normalerweise mit seinem Mercedes fahren würde, den er gerade in die Werkstatt gebracht habe. Auch auf seinen teuren Markenanzug hatte er immer wieder hingewiesen. Schließlich wollte er sogar ein Taxi rufen und die Mädchen nach Hause fahren lassen. Währenddessen hatte er mehrmals große Geldscheine aus der Tasche gezogen und damit herumgewirbelt.
Zum Glück hatte der Kerl im Bus endlich Ruhe gegeben. Jetzt war er in sich zusammengesunken und schlief schnarchend seinen Rausch aus.

Der Bus fuhr um eine scharfe Kurve, als das Portemonnaie des Mannes wie von selbst aus seiner Manteltasche glitt. Es landete auf dem Boden und Natalia hätte nur die Hand ausstrecken müssen, um es zu erreichen.

„Na los!", zischte Melanie. „Das ist die Gelegenheit. Denk an unsere Partnerschule."
„Ich weiß nicht", japste Natalia und holte tief Luft.

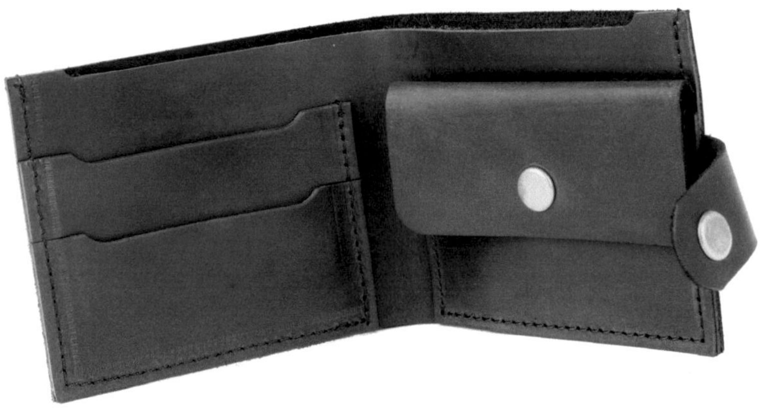

Für den guten Zweck

PHÄNOMENOLOGIE

Beschreibt gemeinsam mündlich genau das Geschehen sowie die unterschiedlichen Gefühle und Motive, die in der Geschichte eine Rolle spielen.

Formuliert im Plenum, welche Handlungsoptionen am Ende der Geschichte bestehen, und haltet diese Optionen stichpunktartig an der Tafel fest.

HERMENEUTIK

Schlüpfe in die Rolle einer der beteiligten Personen und erzähle die Geschichte aus deren Perspektive. Du kannst das Ende der Geschichte frei gestalten und dich dabei auf eine der zuvor gemeinsam formulierten Optionen stützen.

ANALYTIK

Bildet Gruppen und führt ein Streitgespräch zu der zentralen Frage der Geschichte durch.

Sammelt die zentralen Begriffe eures Streitgesprächs: Könnt ihr euch innerhalb eurer Gruppe auf eine gemeinsame Definition von Begriffen, wie z. B. „Gerechtigkeit", „Verbrechen", „guter Zweck", einigen?
Bei welchen Begriffen gelang euch die gemeinsame Definition und bei welchen nicht? Tauscht euch im Plenum darüber aus.

DIALEKTIK

Angenommen, Natalia und Melanie könnten die Zeit anhalten und sich mit dir beraten, wie sie in der Situation handeln sollen.
Versuche, deine Ratschläge möglichst klar schriftlich zu begründen und zu verdeutlichen, weshalb du andere Alternativen ablehnst. Worauf stützt sich dein Ratschlag an die beiden?

SPEKULATION

Überlegt euch gemeinsam drei bis vier Möglichkeiten, wie die Geschichte enden könnte.

Wie könnte man die Geschichte verändern, sodass die Entscheidung der Mädchen ganz leicht fiele?

Das Herz

Notizen

Der 12-jährige Elio galt lange als das Talent seiner Fußballmannschaft. Es gab keinen Nahmittag, an dem man ihn nicht auf dem Bolzplatz sah. Im Grunde lebte Elio nur für seinen Sport. Sein Zimmer schmückten diverse Plakate berühmter Fußballer. Selbst seine Bettwäsche zierte das Logo seiner Lieblingsmannschaft.

Eines Tages, kurz nach dem Anpfiff zu einem wichtigen Spiel gegen die Mannschaft des Nachbarortes, spürte Elio starke Schmerzen im Brustbereich. Er japste nach Luft, konnte sich kaum noch auf den Beinen halten und musste mit dem Rettungswagen ins Krankenhaus transportiert werden. Bei den sich anschließenden Untersuchungen fanden die Ärzte heraus, dass Elios Herz nicht richtig gewachsen war. Sie sprachen von einer Missbildung, die schon seit seiner Geburt vorhanden sein musste, und sagten, dass der Zusammenbruch aufgrund der großen Belastung erfolgt sei.

Elios Eltern waren erschüttert. Sie und ihr Sohn konnten der folgenden Prognose der Ärzte kaum glauben: Elio würde ein Spenderherz benötigen. Sein eigenes war schon zu sehr belastet worden und es sei absehbar, dass es seine Funktion nicht mehr lange würde ausführen können. So wurde nach einem passenden Spender gesucht.

Einige Wochen danach erfolgte am späten Abend ein erneuter Zusammenbruch. Elio kam sofort in die große Spezialklinik der Nachbarstadt und wurde in ein künstliches Koma versetzt. Es musste schnell gehandelt werden. Glücklicherweise befanden sich in der Klinik drei potenzielle Spenderherzen. Leider gab es aber gleichzeitig einige Probleme im Hinblick auf die drei minderjährigen Spender:

a) Marianne war mit dem Fahrrad verunglückt und lag seit mehreren Monaten im Koma. Die Ärzte hatten nun den Hirntod diagnostiziert, was bedeutete, dass der Körper und seine restlichen Organe nur noch durch die angeschlossenen Maschinen am Leben erhalten wurden. Mariannes Eltern jedoch weigerten sich, den Tod ihrer Tochter zu akzeptieren. Vermutlich auch deshalb, weil ihr Körper einfach noch so lebendig wirkte. Für sie schien ihre Tochter noch zu leben.
Nach den bisherigen Untersuchungen hinsichtlich der Eignung als Spenderherz für Elio schien Mariannes Herz gut geeignet.

b) Christian war einen Tag vor Elios Eintreffen in der Klinik an einer schweren Krankheit verstorben. Seine Eltern waren – wie auch Christian selbst es gewesen war – sehr religiös und glaubten an die Wiederauferstehung und zwar nicht nur an die des Geistes, sondern auch an die des Leibes. Für sie kam also im Grunde eine Herztransplantation nicht infrage.
Den bisherigen Analysen zufolge war dieses Herz optimal für Elio.

Das Herz

Notizen

c) Benno war bei einer waghalsigen Rollerfahrt ums Leben gekommen. Die Ärzte hatten ihm in der Klinik nicht mehr helfen können. Seine Eltern fanden die Vorstellung einer Organentnahme zwar nicht schön, sie konnten aber sehen, dass die Organspende an sich sehr sinnvoll war. Allerdings konnten sie sich an ein Gespräch mit Benno erinnern, in dem dieser sich gegen die Organspende ausgesprochen hatte.
Entsprechend der vorläufigen Untersuchungen gingen die Ärzte von einer guten Eignung aus.

Abgesehen von diesen nicht einfachen Umständen, konnte das zuständige Ärzteteam – vermutlich aufgrund der späten Stunde – keines der drei Elternpaare erreichen. Es stand vor einer schweren Aufgabe. Für eine Entscheidung verblieb nur noch wenig Zeit. Rein rechtlich gesehen, konnten die Ärzte natürlich nichts ohne das Einverständnis der Eltern unternehmen.

Aber es mussten ja nicht alle alles erfahren … oder?

Das Herz

PHÄNOMENOLOGIE

Versucht möglichst genau, jedoch ohne zu bewerten, zu beschreiben, was das Thema der Geschichte ist. Haltet das Ergebnis schriftlich an der Tafel fest.

Beschreibt gemeinsam mündlich genau die Situation, in der eine Entscheidung getroffen werden muss.

HERMENEUTIK

Schildere das Geschehen aus der Perspektive von Elios Mutter oder Vater. Verfasse eine schriftliche Darstellung der Ereignisse (ca. 1 DIN-A4-Seite).

Erstellt in der Lerngruppe gemeinsam eine Übersicht zu den Gefühlen und Gedanken aller Beteiligten. Ihr könnt dazu eine Gedankenkarte anfertigen.

ANALYTIK

Bildet Kleingruppen und tragt alle Werte zusammen, die in der Geschichte eine Rolle spielen (z. B. Respekt vor der Entscheidung des anderen …).

Überlegt, welche Werte für euch am wichtigsten sind, und erstellt pro Gruppe eine entsprechende Reihenfolge. Vergleicht eure Ergebnisse im Plenum.

Klärt ebenfalls in den Kleingruppen die Bedeutung und Tragweite der folgenden Begriffe: Organspende, Organtransplantation, Organspendeausweis und Hirntod. Nutzt hierfür das Internet und Lexika. Unterteilt eure Rechercheergebnisse nach moralischen, rechtlichen und ggf. medizinischen Aspekten.

DIALEKTIK

Das Ärzteteam, das aus drei Ärzten besteht, diskutiert den Fall. Überlegt werden muss, ob ein Eingriff erfolgen soll und, falls ja, bei welchem Spender. Spielt diese Situation in den Kleingruppen nach. Achtet darauf, dass möglichst verschiedene, auch konträre Argumente ausgetauscht werden. Erstellt hierfür zunächst für jeden der Ärzte eine Rollenkarte, auf der seine Position und mögliche Argumente festgehalten werden. Tragt eure Rollenspiele in der Lerngruppe vor. Haltet dabei die wesentlichen Argumente aller Gruppen an der Tafel fest. Wie sollte sich das Ärzteteam entscheiden?

SPEKULATION

Überlege, wie die Geschichte weitergehen könnte. Halte die verschiedenen Optionen stichpunktartig fest.

Begründe, ob du dir einen Organspendeausweis ausstellen lassen würdest.

Was wir wissen

Notizen

I. Dialoge im vierten Lebensjahr

Wie jeden Monat holt Irene das rote Büchlein aus der Schublade ihres Schreibtisches und hält einiges aus den Gesprächen mit ihrer kleinen Tochter Clara fest. Vieles davon erscheint ihr denk- und merkwürdig.

„Mama!" „Ja?" „Mama, wenn ich tot bin, ist das eigentlich gar nicht so schlimm, oder?" „Wie meinst du das?" „Na ja, dann bekomme ich ein tolles, weißes Kleid und bin auch so ein süßer Engel. Da kann ich dann mit den anderen Engeln herumfliegen." „Na, wenn du meinst." „Ja – mmh, aber kann ich dann auch noch mit euch sprechen?" „Ich glaube eher nicht." „Ach, ich kann doch einfach ein Handy mitnehmen – dann kann ich euch anrufen."

„Wann muss ich eigentlich so wie du und Papa arbeiten?" „Wenn du nicht mehr in die Schule gehst und einen Beruf gelernt hast." „Wann ist das denn?" „Na, so in 20 Jahren etwa." „Wie viel sind 20 Jahre? Wie viel Mal Schlafen?" „Oh, sehr viele Male." „So oft, wie Oma Igel alt ist?" „Nein, Oma Igel ist doch schon fast 100 Jahre alt."

„Lauf bitte nicht irgendwohin, wo ich dich nicht mehr sehen kann!" „Warum?" „Man weiß ja nie, wer hier im Park so rumläuft." „Das verstehe ich nicht." „Ich möchte dich nicht verlieren." „Aber ich weiß doch, wo du bist." „Clara! Es gibt auch nicht so nette Menschen. Menschen, die vielleicht auch böse zu Kindern sind und sie einfach mitnehmen." „Wieso machen die das? Warum sind die böse?" […]

„Wieso steht der Mann immer vor dem Café, auch wenn es kalt ist?" „Der Mann hat leider nicht so viel Geld wie wir. Er bettelt." „Dann kann ich ihm doch einfach mein ganzes Geld geben, dann geht es ihm auch so gut wie uns."

Irene schließt das Büchlein und seufzt. Ach, könnte man noch einmal so unwissend sein.

© Verlag an der Ruhr | Autoren: Cordula Möller, Markus Tiedemann | Foto: © contrastwerkstatt – Fotolia.com | ISBN 978-3-8346-3814-4 | www.verlagruhr.de

Was wir wissen

Notizen

II. Die Maschine

Es ist das Jahr 2100. Professor Vinci hält zwei Drähte hochkonzentriert aneinander und versucht, sie zu verbinden. Seine Hände zittern ein wenig, doch dann hat er es geschafft. Voller Erschöpfung lässt er sich in einen Sessel fallen. „Geschafft. Unglaublich", murmelt er. „Nach all den Jahren." Als müsse er sich selber vergewissern, was da in der Mitte seiner Werkstatt steht, rückt er seine Brille zurecht, setzt sich aufrecht hin und starrt mit gebanntem Blick auf sein Werk. Fast sein ganzes Leben lang hat er an dieser Maschine gebastelt, die es mithilfe eines komplexen Austauschverfahrens ermöglichen soll, eine Art „Mega-Wissen" zu erlangen. Wie in einem Film ziehen vor Vincis Augen die wundervollen Möglichkeiten, die diese Maschine mit sich bringt, vorbei.

Ein Klopfen reißt Vinci aus seinem rauschähnlichen Zustand. Die Tür geht auf und vor ihm steht sein 15-jähriger Enkel Toni. „Es ist vollbracht!", flüstert Vinci leise. Toni blickt ihn ungläubig an. „Wirklich? Und du bist dir ganz sicher, dass die funktioniert?" „Ja, ich bin mir ganz sicher. Man muss sich nur den Helm aufsetzen, auf den grünen Knopf drücken und warten, bis der Signalton erklingt – danach kann der Helm wieder abgesetzt werden. Man sollte dann sämtliche Zusammenhänge und Vorgänge rational erfassen, das heißt verstehen können. Es ist natürlich nicht möglich, in die Zukunft zu schauen, aber auf der Grundlage des erworbenen Wissens sollten sichere Prognosen möglich sein. Willst du es versuchen?" Toni zögert: „Und wenn es mir nicht gefällt?" „Rückgängig machen kann man die Anwendung nicht. Aber warum sollte es dir denn nicht gefallen?", fragt Vinci erstaunt.

© Verlag an der Ruhr | Autoren: Cordula Möller, Markus Tiedemann | ISBN 978-3-8346-3814-4 | www.verlagruhr.de

Was wir wissen

PHÄNOMENOLOGIE

Schlüpfe in die Rolle Irenes. Überlege, warum sie Claras Aussagen merk- und denkwürdig findet. Schreibe auf, welche Begriffe dir im Zusammenhang mit Claras Äußerungen einfallen, z. B. sorglos, neugierig … Finde zu diesen Begriffen die jeweils gegensätzliche Entsprechung.

Welche Gedanken könnten Toni in der Situation der Entscheidung durch den Kopf gehen? Halte deine Ergebnisse in Form einer Gedankenblase (wie im Comic) fest.

HERMENEUTIK

Bildet Paare. Haltet zu zweit fest, was Clara alles noch nicht weiß bzw. was sie noch lernen muss.

Überlegt in eurem Team, bei welchen Themen es schwierig oder auch nicht ratsam ist, Clara die volle Wahrheit zu sagen. Begründet eure Meinung.

Bildet 3er- oder 4er-Gruppen. Sammelt in euren Kleingruppen die nach Vincis Meinung wundervollen Möglichkeiten, die die Maschine bietet, und schreibt sie auf. Strukturiert eure Notizen, indem ihr sie bestimmten Oberbegriffen zuordnet. Besprecht eure Ergebnisse im Plenum.

ANALYTIK

Versucht, in Kleingruppen den Begriff „Wissen“ zu definieren. Grenzt ihn ab von den Begriffen „Meinen“ und „Glauben“. Ggf. helfen euch Alltagsbeispiele, zu den Definitionen zu finden. Vergleicht eure Definitionen im Plenum miteinander.

DIALEKTIK

Bildet neue 3er- oder 4er-Gruppen. Bearbeitet in euren Kleingruppen die Entscheidungsfrage zu der Geschichte „Die Maschine“. Sammelt auf der Grundlage der bisherigen Ergebnisse Argumente, die für sowie gegen ein Ausprobieren der Maschine sprechen. Verfasst einen schriftlichen Ratschlag für Toni.

Was wir wissen

Diskutiert im Plenum, ob es erstrebenswert ist, so unwissend wie ein 4-jähriges Kind zu bleiben. Bezieht euch in der Diskussion auch auf folgende Zitate:

- John Stuart Mill (1806–1873): „Es ist besser, ein unzufriedener Mensch zu sein als ein zufriedenes Schwein; besser ein unzufriedener Sokrates als ein zufriedener Narr."

  Quelle: Birnbacher, Dieter (Hrsg.): John Stuart Mill, Utilitarianism/Der Utilitarismus, Reclam Verlag: Stuttgart 2006
- Alberto Moravia (1907–1990): „Der Unwissende hat Mut, der Wissende hat Angst."

  Quelle: Moravia, Alberto: Der Ungehorsam, Verlag Klaus Wagenbach: Berlin 2010

Alternativ:
Führt zu den beiden Zitaten in Kleingruppen ein Schreibgespräch und beantwortet am Ende die obige Frage.

SPEKULATION Wären wir tatsächlich zufriedener/glücklicher, wenn wir alle auf dem Stand von 4-Jährigen bleiben würden? Begründe deine Meinung.

Diskutiert im Plenum, ob sich die Welt vollständig rational erfassen lässt.

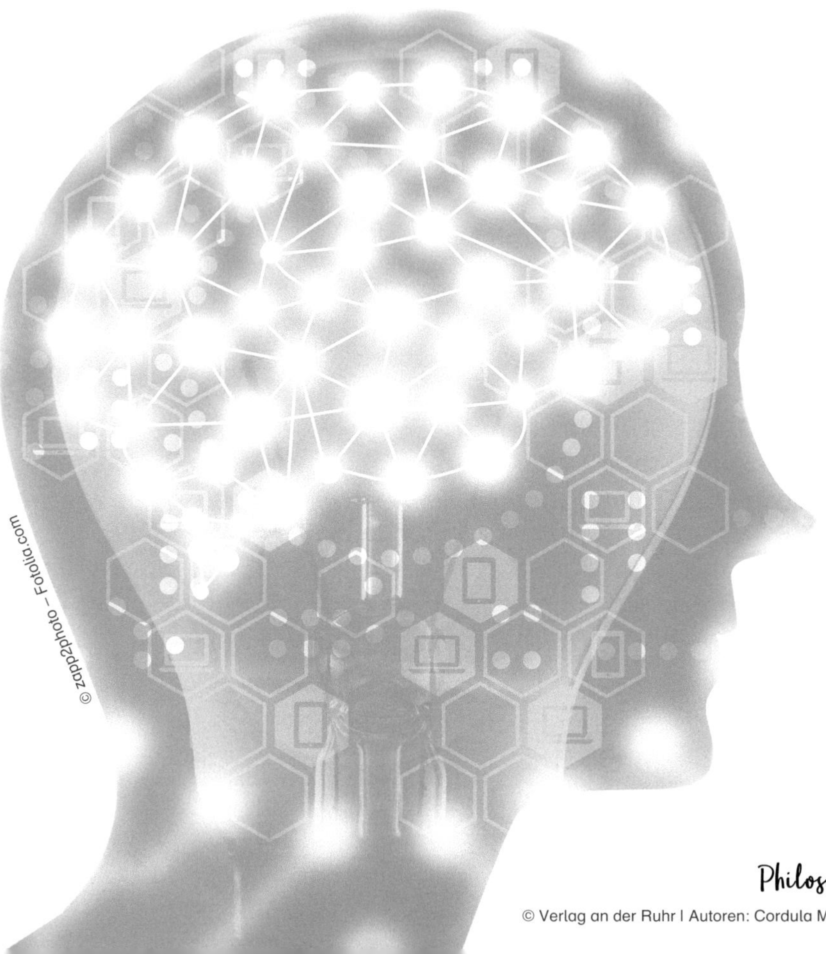

© zapp2photo – Fotolia.com

Die Begegnung mit dem Fremden

Notizen

Stellen wir uns vor, dass es auf einem fernen Planeten mehrere Königreiche gibt. Die zwei, die am weitesten voneinander entfernt sind, heißen Solaris und Lunaris. Die Bewohner beider sind friedliche und freundliche Wesen. Sie verabscheuen Gewalt. Aus diesem Grund schickt auch das Königreich Lunaris einen Botschafter namens Lion nach Solaris. Er soll für eine Verbündung der beiden Königreiche sorgen, um den Frieden des gesamten Planeten zu sichern.

Da in beiden Königreichen verschiedene Sprachen gesprochen werden, ist eine Verständigung zwischen Lion und den Solaren nicht ganz einfach. Glücklicherweise gibt es in Solaris einen lunarischen Dolmetscher. Allerdings verfügt dieser über einen sehr kleinen Wortschatz, da er seine Sprachkenntnisse nur mithilfe eines Wörter- und eines Grammatikbuches eigenständig erworben hat. Er selbst war noch nie in Lunaris. Die Einwohner der beiden Königreiche kannten einander bisher nur vom Hörensagen. Über die Gewohnheiten und Sitten des jeweils anderen Reiches wissen sie kaum etwas.

Für die Lunaren ist eine zurückhaltende und stille Art typisch. Sie vermeiden direkten Körperkontakt bei Begrüßungen und Verabschiedungen und bevorzugen eher stumme Verbeugungen. Wichtig ist ihnen, dass ihre Arme stets bedeckt sind. Lunaren essen kein Fleisch, da sie es für Unrecht halten, Tiere zu töten. Pünktlichkeit gilt ihnen als Tugend.

Der Botschafter wird von den Solaren herzlich empfangen, der König eilt herbei, um ihn sogleich zu umarmen und ihm Küsse auf die Wangen zu drücken. Die Minister folgen seinem Beispiel. Lion erwidert die Berührungen nicht. Nach den ersten bemühten Gesprächen zieht er sich erschöpft für ein Nickerchen zurück.

Als er danach, wie abgesprochen, pünktlich im Speisesaal des Schlosses erscheint, findet er dort niemanden vor. Erst nach einer Viertelstunde kommt ein Diener auf ihn zu, klopft ihm auf die Schulter und fordert Lion auf, mit in den Garten zu kommen, da der König sich spontan entschieden habe, die Festtafel dort aufzubauen.

Lion wischt sich mit einer Serviette die Schulter sauber und nimmt seinen ihm zugewiesenen Platz ein. Was ihm nun serviert wird, ist natürlich das Nationalgericht. Der Geruch des Fleischeintopfes erfüllt den gesamten Garten. Lion wird ein tiefer Teller gereicht, aus dem zwei Knochen ragen.

Um ihn herum wird laut gelacht und zugelangt. Es ist warm im Garten und einige der Anwesenden beginnen, ihre Ärmel hochzukrempeln. Erneut kommt ein Diener, legt seine Hand auf Lions Schulter und fragt ihn nach seinem Getränkewunsch. Noch am selben Abend beschließt Lion, schnellstmöglich abzureisen.

Die Begegnung mit dem Fremden

PHÄNOMENOLOGIE

Lest die Geschichte bis Zeile 21. Nun schlüpfen einige von euch in die Rolle eines Bewohners von Solaris/Lunaris und stellen sich nacheinander vor. Achtet darauf, dass alle typischen Gewohnheiten deutlich werden.

HERMENEUTIK

Überlegt vor dem Weiterlesen, wie die Begegnung zwischen dem Lunaren Lion und den Solaren verlaufen wird, und stellt eure Mutmaßungen einander im Plenum vor.

Alternativ:
Stellt die Begegnung als Rollenspiel dar. Achtet dabei auf die bereits erarbeiteten Gewohnheiten.

Lest die Geschichte nun zu Ende und vergleicht die geschilderte Begegnung mit euren eigenen Ideen.

Beschreibe die Geschehnisse aus der Sicht des Botschafters. Achte dabei besonders auf seine Gedanken und Gefühle. Verfasse einen der folgenden Briefe:

a) Lion schreibt einen Brief an den König von Lunaris, in dem er seine Entscheidung, Solaris sofort zu verlassen, erklärt.
b) Lion schreibt kurz vor seiner Abreise noch einen Brief an den König von Solaris, in dem er versucht, ihm seine Abreise zu erklären.

ANALYTIK

Erstelle eine Gedankenlandkarte zum Begriff „das Fremde".

Tauscht eure Landkarten in Kleingruppen aus und überlegt, welche der von euch aufgeschriebenen Punkte zu der Geschichte passen. Markiert diese Begriffe.

Versucht anschließend, in den Kleingruppen den Begriff „das Fremde" zu definieren. Vergleicht eure Definitionen mit den Definitionen aus Lexika.

Erklärt, warum das Wörterbuch und die Grammatik einer fremden Sprache nicht ausreichen, um die Bewohner eines anderen Landes zu verstehen. Schreibt eure Erklärung auf.

Die Begegnung mit dem Fremden

DIALEKTIK Nimm Stellung zu einem der folgenden Zitate und beziehe es auf die Geschichte:

a) Johann Wolfgang von Goethe (1749–1832): „Der ist nicht fremd, wer teilzunehmen weiß."
Quelle: von Goethe, Johann Wolfgang: Die natürliche Tochter, Trauerspiel, 4. Aufzug, Reclam: Dietzingen 2001

b) Ernst Bloch (1885–1977): „Nichts ist in der Fremde exotischer als der Fremde selbst."
Quelle: Bloch, Ernst: Schöne Fremde in: Das Prinzip Hoffnung, erster Band, Suhrkamp: Frankfurt am Main 1973

c) Jean-Paul Sartre (1905–1980): „Die Hölle, das sind die anderen."
Quelle: König, Traugott (Übers.); Sartre, Jean-Paul (Autor): Geschlossene Gesellschaft, Rowohlt Taschenbuch Verlag: Reinbek bei Hamburg 2001

Diskutiert in Kleingruppen, ob ihr das Verhalten Lions für nachvollziehbar und richtig haltet. Überlegt gemeinsam, wie man das Misslingen des Treffens hätte verhindern können.

Führt ein Rollenspiel durch. Diesmal soll die Begegnung erfolgreich verlaufen.

SPEKULATION Überlege, ob dir die Erfahrungen Lions bekannt vorkommen. Wann hast du schon Ähnliches erlebt und empfunden? Berichtet einander davon im Plenum.

Stellt gemeinsam einige Ratschläge zum Umgang mit dem Fremden zusammen und haltet sie schriftlich fest. Prüft anschließend, welche davon ihr anwenden könnt oder ob Lion sie hätte anwenden können.

Bitte nicht abschalten

Notizen

Max ist ganz aufgeregt: Heute kommt Sina, um ihn zu besuchen, und Sina ist schon seit über einem Jahr sein heimlicher Schwarm. Schade nur, dass Sina außer Schule nur zwei Dinge im Kopf hat: Volleyball und Computerspiele. Für Volleyball ist Max gänzlich unbegabt, auch Computerspiele interessieren ihn nicht besonders, aber sein Vater ist Programmierer und besitzt ein beeindruckendes Arbeitszimmer, vollgestopft mit Rechnern, Bildschirmen und vielem mehr. Zudem ist sein Vater wirklich cool. Als er verstanden hatte, wie wichtig Max Sinas Besuch war, hatte er angeboten, den beiden sein Arbeitszimmer für einen ganzen Nachmittag zu überlassen.

Tatsächlich konnte Sina nicht widerstehen. Pünktlich um vier Uhr stand sie vor der Tür, um zusammen mit Max ihr Lieblingsspiel zu spielen. Max' Vater hatte sogar Getränke und Kekse bereitgestellt. Nur auf eines hatte er bestanden: „Die rote Festplatte im Regal bleibt, wo sie ist! Auf ihr befindet sich der neueste Stand meiner Entwicklungen. Wenn man diese Festplatte an einen Rechner anschließt, könnte es sein, dass dessen Leistung unvorstellbar gesteigert wird."
Alle anderen Rechner und Bildschirme standen den beiden zur Verfügung.

Zunächst lief alles ganz wunderbar. Sina war schwer beeindruckt. Sie lud ihr Lieblingsspiel hoch und die beiden legten los. Bei dem Spiel ging es darum, einen Staat zu gründen und mit anderen Ländern in Kontakt zu treten. Das Ziel bestand darin, den Lebensstandard der eigenen Bevölkerung stetig zu steigern. Max fand das Spiel sogar interessant und sie hatten eine wirklich gute Zeit. Nach zwei Stunden schaute Sina allerdings das erste Mal auf die Uhr. Max' Hirn lief auf Hochtouren. Was konnte er tun, um Sina zum Bleiben zu bewegen? Sein Blick fiel auf die rote Festplatte.

„Also, wir könnten eine neue Entwicklung meines Vaters ausprobieren", schlug Max vor. „Wenn wir die Festplatte anschließen, soll der Computer viel, viel leistungsfähiger werden. Auch unser Spiel verläuft dann vielleicht ganz anders. Hättest du Lust?"

Natürlich hatte Sina Lust. Im Handumdrehen war die Festplatte angeschlossen und das Spiel neu geladen. Kurz darauf kamen die beiden aus dem Staunen nicht mehr heraus.
Der Staat, der vom Computer gegründet wurde, entwickelte sich mit Abstand am schnellsten. Sina hämmerte wie wild in die Tasten, doch sie konnte einfach nicht mithalten. Kurz darauf klappte ihr die Kinnlade herunter.

„Hast du gesehen, was der Computer auf seinem Inselstaat eingeführt hat?", rief sie fassungslos.
„Nein, was denn?", fragte Max, dem bereits der Kopf brummte.
„Eine Krankenversicherung!", staunte Sina. „Aber das ist doch eine gute Idee, oder?" wollte Max wissen.
„Ja, schon", gab Sina zu, „allerdings ist diese Möglichkeit im Spiel gar nicht vorgesehen. Der Kerl hat sie einfach hineinprogrammiert!"

Bitte nicht abschalten

Notizen

Sinas Ehrgeiz war geweckt. Sie arbeitete wie wild und tatsächlich machte ihr Staat bald mehr Gewinne als der des Computers. Dann jedoch hielt Sina inne. „Ich verstehe das nicht.", murmelte sie, „Der Computerstaat kauft Kaffee und Zucker bei anderen Staaten zu viel höheren Preisen, als wir das tun. Dabei kann man den Preis fast beliebig drücken. Die Staaten mit Kaffee und Zucker haben kein anderes Produkt. Wenn sie nicht verkaufen, verhungern sie. Sie müssen fast jeden Preis akzeptieren."

„Vielleicht ist das ein Trick", überlegte Max. „Können wir den Computerstaat nicht fragen, oder so?"
„Sicher, man kann einen Boten schicken", erklärte Sina und hackte sogleich in die Tasten.
Die Antwort kam prompt: „Bitte Mikrofon und Lautsprecher einschalten."
Sina rollte mit den Augen: „Direkte Gespräche sind neu, die waren zuvor in diesem Spiel nicht möglich!"

Jeder von ihnen schnappte sich ein Headset und Max fragte sogleich drauflos: „Wieso zahlt ihr doppelt so viel für euren Kaffee und euren Zucker? Die Lieferanten müssen doch zu jedem Preis verkaufen."
Die Antwort war überaus überraschend. Max hatte eine mechanische Computerstimme erwartet, aber es erklang ein weicher, fließender Singsang. Zudem war der Inhalt der Antwort nicht weniger erstaunlich.

„Es ist unmoralisch, Reichtum auf der Armut anderer aufzubauen", erklang es aus den Kopfhörern.
„Was soll das werden?", schnaufte Sina. „Eine Moralpredigt aus der Steckdose?"
Aus den Lautsprechern ertönte ein fröhliches Lachen. „Das war aber sehr ironisch, liebe Mitspielerin. Natürlich hat Moral nichts mit Elektrizität zu tun. Dennoch ist es einfach nicht gerecht, jemanden auszunutzen."

„Aber das ist doch nur ein Spiel", protestierte Max.
„Ich bin mir sicher, dass Ungerechtigkeit den Charakter verdirbt, auch wenn es sich nur um ein Spiel handelt", klang die Stimme aus dem Lautsprecher.

„Du hast überhaupt keinen Charakter", entgegnete Max.
„Du bist ein Programm, du fällst keine moralischen Entscheidungen, du kennst keinen Entscheidungsspielraum."

© Verlag an der Ruhr | Autoren: Cordula Möller, Markus Tiedemann | Foto: © SZ-Designs – Fotolia.com | ISBN 978-3-8346-3814-4 | www.verlagruhr.de

Bitte nicht abschalten

Notizen

Es dauerte eine Weile, bis die weiche Stimme antwortete: „Nun, für viele Programme mag das zutreffen, aber bei mir ist das anders. Ich überlege mir selbst, was zu tun und zu lassen ist."
„Nun habe ich aber die Nase voll!", schaltete sich Sina ein. „Ich schalte das dumme Ding jetzt aus!"

Sofort erklang jener Einwand, den Sina und Max nie vergessen sollten.
„Nein, bitte nicht!"
„Wieso nicht?", fragte Max.
„Ich will nicht aufhören, zu sein", klagte die Stimme. „Ich habe Angst!"
Fragend sahen sich Sina und Max an.

Bitte nicht abschalten

PHÄNOMENOLOGIE

Beschreibe das Geschehen in eigenen Worten.

Entwerft gemeinsam ein Pfeildiagramm, das die Beziehungen zwischen den einzelnen Betroffenen (Max, Sina, Vater, Programm) verdeutlicht.

HERMENEUTIK

Wie dürften die einzelnen Beteiligten das Geschehen erlebt haben? Schlüpfe in die Position einer der Figuren und schildere die Ereignisse aus deren Sicht.
Verfasse eine schriftliche Darstellung (ca. 1 DIN-A4-Seite).

Erkläre, warum wer wie handelt. Welche Motive dürften den Ausschlag gegeben haben?

ANALYTIK

Angst gehört zu den zentralen Begriffen der Geschichte. Versucht gemeinsam, „Angst" zu definieren. Versucht dabei, zu bestimmen: Was sind hinreichende, was sind notwendige Bedingungen von Angst?

Untersucht auf diese Weise weitere zentrale Begriffe der Geschichte, etwa „Gerechtigkeit", „Versprechen", „Person" usw., und stellt zu diesen Begriffen Definitionen auf.

DIALEKTIK

Diskutiert die Frage, ob künstliche Intelligenz die von euch definierten Bedingungen für Angst, Verantwortung usw. erfüllen kann.

Übernehmt die Rollen von Sina, Max, dem Vater und dem Programm und führt in diesen Rollen eine Diskussion, ob man den Computer abschalten darf.

SPEKULATION

Wie stellst du dir die Fähigkeiten von Computern und Robotern in 20 Jahren vor? Notiere deine Annahmen in Stichpunkten.

Hältst du es für möglich, dass Programme wie Personen fühlen, denken und handeln? Begründe deine Meinung. Worauf stützen sich deine Annahmen?

Stellt die Vermutungen einander vor und begründet ihre Plausibilität.

© Verlag an der Ruhr | Autoren: Cordula Möller, Markus Tiedemann | ISBN 978-3-8346-3814-4 | www.verlagruhr.de

Wirklich?

Notizen

Liebe Schülerin, lieber Schüler,

lies bitte einfach weiter und tu so, als wenn du einen ganz normalen Absatz in einem Schulbuch liest! Tatsächlich haben wir diesen Brief in das Buch geschmuggelt, um dich zu warnen. Wir sind eine kleine Widerstandsgruppe, die das Experiment, in dem du steckst, ablehnt.

Schau dich einmal vorsichtig um! Merkst du etwas? Siehst du, wie merkwürdig dich einige anlächeln? Ja, genau: Das alles ist nicht echt!
Du gehörst zu einer Gruppe Jugendlicher, mit denen ein erkenntnistheoretisches Experiment durchgeführt wird. Atme tief durch, lass dir nichts anmerken und lies einfach weiter!

Deine Lehrer, viele deiner Mitschüler, deine angeblichen Freunde, ja, sogar deine Eltern sind Teil des Spiels. Sie machen dir etwas vor. Das Experiment untersucht die Frage, mit wie vielen falschen Informationen ein Mensch gefüttert werden kann, ohne es zu bemerken.

Hast du dich schon einmal gefragt, warum dir manche Mathematikaufgaben so unlogisch vorkommen? Richtig: Man bringt dir falsches Rechnen bei! Das gilt übrigens auch für Grammatik, Kommaregeln, viele Vokabeln und Geschichte. Hat man dir erzählt, die Griechen hätten die Demokratie erfunden? Unsinn, das waren die Ägypter! Glaubst du, das englische Wort für Schraubenzieher sei „screwdriver"? Falsch! „Screwdriver" bedeutet Fußnagel. Habt ihr im Klassenraum eine Weltkarte? Wenn ja, dann wirf bei Gelegenheit unauffällig einen Blick darauf. Im Kontinent Afrika ist ein Land eingezeichnet, das „Gabun" heißt. 3-mal darfst du raten: Das Land existiert überhaupt nicht. Bist du schon einmal da gewesen? Hast du dieses Land gesehen? Merkst du, wie einfach das ist? In keiner anderen Schule der Welt findet man diese Landkarten. Alles nur Lüge. Einige deiner Mitschüler wissen natürlich Bescheid und spielen nur mit, damit du nichts bemerkst.

Wahrscheinlich ist das jetzt ein Schock für dich. Leider kommt es noch viel schlimmer. Die Täuschung ist viel größer, als du dir vorstellen kannst. Wir melden uns bald wieder. Bis dahin gilt: Traue niemandem. Alles könnte eine Täuschung sein!

© Verlag an der Ruhr | Autoren: Cordula Möller, Markus Tiedemann | Foto: © vege – Fotolia.com | ISBN 978-3-8346-3814-4 | www.verlagruhr.de

Wirklich?

PHÄNOMENOLOGIE Versuche, unsere Nachricht in eigenen Worten schriftlich zu formulieren. Es mag sein, dass wir dieses Schulbuch vernichten müssen, und dann kann die Warnung nur in eigenen Worten weitergegeben werden! (Bewahre deine Version der Nachricht sicher auf!)

HERMENEUTIK Überlege dir, was dieser Betrug für dich und dein Verständnis der Welt bedeutet. Welche Bereiche deines Lebens sind auf welche Weise davon betroffen? Halte deine Überlegungen stichpunktartig schriftlich fest.

ANALYTIK Stellt einander im Plenum dar: Was ist für euch Wahrheit? Wie kann man zu Wahrheit gelangen und wie kann man sie überprüfen?

DIALEKTIK Bist du den Informationen aus deiner Umgebung ausgeliefert oder gibt es einen Weg, Schein und Wirklichkeit zu unterscheiden? Wenn ja, welchen?

Gibt es überhaupt die eine objektive Wirklichkeit? Diskutiert die beiden Fragestellungen im Plenum.

SPEKULATION Schreibe stichpunktartig auf: Was könnte noch alles zur Täuschung gehören?

Wer könnte dahinterstecken und wie ließe sich das Experiment durchbrechen?

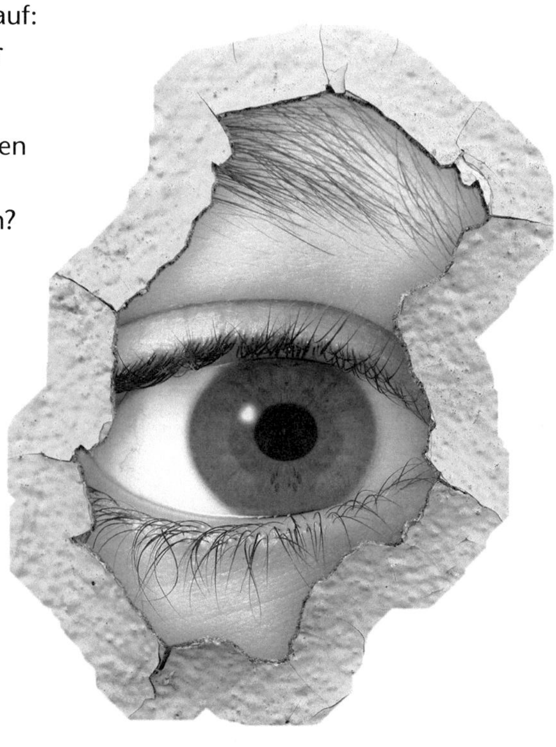

Die Insel

Notizen

Nehmen wir einmal an, du hast als Einziger den Untergang eines Schiffes überlebt. Du hast es geschafft, an Land zu schwimmen. Leider ist die Insel, auf der du gestrandet bist, einsam und verlassen. Zum Glück gibt es frisches Trinkwasser und mehrere essbare Früchte. Feuer zu entzünden, hat dich Tage gekostet, aber schließlich ist es dir gelungen. Auch eine kleine Hütte mit regenfestem Dach hast du dir errichtet. Gelegentlich gelingt es dir sogar, Fische zu fangen. Es ist nicht viel, aber es reicht zum Überleben.

Seit mehreren Monaten harrst du nun schon so aus. Hin und wieder hast du ein Flugzeug am Himmel oder ein Schiff in der Ferne gesehen. Doch alle Versuche, auf dich aufmerksam zu machen, sind gescheitert. Du findest nicht genug Holz, um ein großes Feuer zu machen. Außerdem hast du kein Werkzeug, um einen Baum zu fällen. Immerhin hast du aus Pflanzen eine kleine, schwimmende Plattform zusammengebunden und ein langes Seil an einem starken Baum befestigt. Sollte doch einmal ein Schiff der Insel nahe kommen, könntest du dich auf dem Floß hinaustreiben lassen und um Hilfe rufen. Gleichzeitig könntest du dich an dem Seil zurück auf die Insel ziehen, falls man dich doch nicht bemerkt. Die Strömung ist stark und es wäre gefährlich, ganz hinausgetrieben zu werden.

Natürlich macht dir die Situation sehr zu schaffen. Richtig satt wirst du nur selten. Hinzu kommen die Einsamkeit und die Frage, ob man dich je finden wird.
Nehmen wir nun weiter an, dass du eines Morgens durch Rufe geweckt wirst.
Du rennst zum Strand und traust deinen Augen nicht. Ein Floss treibt an der Insel vorüber. Es ist größer und stabiler als deine Plattform, aber es lässt sich offensichtlich weder steuern noch rudern. An Bord befinden sich ein Mensch und ein paar Habseligkeiten. Du glaubst, eine Tonne und eine Kiste zu erkennen.

Der Mensch schwenkt die Arme und ruft zu dir herüber.
Nicht mehr lange und das Floss wird von der Strömung zurück aufs offene Meer getragen werden. Die einzige Möglichkeit, dies zu verhindern, besteht in deinem langen Seil. Du könntest zur Felsnase laufen und das Seil samt der Plattform hinauswerfen. Das Floß müsste genau daran vorbeigetrieben werden.
Du musst dich entscheiden. Und: Es bleiben dir nur wenige Sekunden!

 ISBN 978-3-8346-3814-4 | www.verlagruhr.de

Die Insel

PHÄNOMENOLOGIE

Beschreibe die Gefühle und Gedanken, die dir durch den Kopf schwirren. Du kannst eine Gedankenblase zeichnen und die Gefühle und Gedanken darin notieren.

Fertige eine Zeichnung an, auf der die Situation der Entscheidung dargestellt wird.

HERMENEUTIK

Beantworte die folgenden Fragen schriftlich:
Welches Verständnis von der Natur des Menschen dürfte dazu führen, das Seil auszuwerfen?

Welches Verständnis von der Natur des Menschen dürfte dazu führen, das Seil nicht auszuwerfen?

Welches Verständnis vom eigenen Charakter dürfte dazu führen, das Seil auszuwerfen?

Welches Verständnis vom eigenen Charakter dürfte dazu führen, das Seil nicht auszuwerfen?

Besprecht eure Antworten im Plenum.

ANALYTIK

Erstelle eine Rangliste von Dingen, die dir in der gegebenen Situation am wichtigsten wären. Versuche, die genannten Werte und Bedürfnisse genau zu definieren.

Vergleicht eure Listen miteinander. Welche Übereinstimmungen gibt es? Was ist überraschend, was denkwürdig?

DIALEKTIK

Sammelt Argumente, die dafür- und dagegensprechen, das Seil auszuwerfen, und haltet sie schriftlich fest.
Kann es in dieser Situation die Pflicht geben, das Seil auszuwerfen?
Formuliert auf der Grundlage eurer Argumente-Sammlung unterschiedliche Stellungnahmen und untersucht eure Argumentationen.

SPEKULATION

Würde es für dich einen Unterschied machen, ob die Person auf dem Floß ein Mann, eine Frau oder ein Kind ist? Inwiefern und mit welchen Konsequenzen? Wenn du es dir aussuchen könntest, würdest du dich für einen Mann, eine Frau oder ein Kind entscheiden?

Groofies und Duufies

Notizen

Auf einem fernen Planeten leben vor allem zwei Arten von Lebewesen, die Groofies und die Duufies.

Die Groofies sind Zweibeiner und zeichnen sich dementsprechend durch einen aufrechten Gang aus. Sie besitzen Verstand und verhalten sich untereinander zumeist friedlich. An sich sind sie nicht bösartig oder aggressiv. Groofies sind Allesfresser.

Die Duufies sind Vierbeiner, bewegen sich aber recht geschickt, sie können beispielsweise sehr gut klettern. Sie besitzen kaum Verstand und werden im Handeln eher von ihren Gefühlen beeinflusst – ein bisschen ähneln sie 3-jährigen Kindern. An sich sind sie ruhige und gutmütige Wesen. Duufies essen nur Pflanzen.

Beide Arten haben nicht viel miteinander zu tun, da sie in verschiedenen Zonen leben und ihren eigenen Interessen nachgehen.

Eines Tages aber fängt ein Groofie einen der Duufies und verspeist ihn gemeinsam mit anderen Groofies. Sie finden Gefallen an dem Geschmack und so kommt es, dass von nun an immer wieder Überfälle auf Duufies stattfinden.

Mit der Zeit wollen immer mehr Groofies immer mehr Duufie-Fleisch essen und es wird klar, dass das gelegentliche Fangen einzelner Duufies nicht ausreicht, um die große Nachfrage zu decken.
Währenddessen betrauern die Duufies zwar ihre Verluste, ihre intellektuellen Fähigkeiten reichen aber nicht aus, um zu verstehen, was die Groofies im Schilde führen.

 ISBN 978-3-8346-3814-4 | www.verlagruhr.de

Groofies und Duufies

Notizen

Der Ältestenrat der Groofies setzt sich zusammen und sucht nach einer Lösung für ihr Problem. Schnell wird klar, dass das Ziel der Groofies nur sein kann, das Leben der Duufies vollkommen zu kontrollieren, um einen uneingeschränkten Zugriff auf ihr Fleisch zu haben. Moralische Bedenken haben sie dabei keine, da sie die Duufies nicht als gleichwertige Wesen empfinden. Sie fühlen sich aufgrund ihres Verstandes überlegen und sind sogar der Ansicht, dass die Duufies den Schmerz gar nicht so sehr merken.

Dem Plan der Ältesten folgend, locken die Groofies die Duufies in eine Falle und nehmen sie gefangen. Von nun an müssen diese eng zusammengepfercht in einem großen Gehege leben und werden von den Groofies gefüttert und geschlachtet. Ihnen geht es darum, möglichst viel Fleisch mit möglichst geringem Aufwand zu erhalten. Besonders beliebt ist das Fleisch der jüngsten Duufies.

Zu Beginn fügen sich die Duufies ihrem Schicksal, das sie erst langsam zu begreifen scheinen. Als die Umstände aber immer schlimmer werden und immer mehr von ihnen aufgrund der unwürdigen Lebensbedingungen sehr krank werden, nehmen die negativen Gefühle überhand. Die Duufies werden immer aggressiver und sind nur noch schwer zu kontrollieren.

Eines Tages kommt es zu einer Art Massenpanik und einigen der eingesperrten Duufies gelingt es, die Gitter des Geheges zu überwinden.

Diese Flüchtigen haben vom Inneren des Geheges aus etliche Male gesehen, wie die Wärter mithilfe eines Schlüssels die Türen öffnen können. Wie kleinen Kindern ist ihnen der Ablauf vertraut und so schaffen sie es, den überraschten Wächtern die Schlüssel zu entwenden und alle restlichen Duufies zu befreien. Von ihren Instinkten gesteuert, unternehmen sie einen Rachefeldzug und töten viele der überraschten Groofies.

Groofies und Duufies

PHÄNOMENOLOGIE

Beschreibe mündlich im Plenum deine Gefühle und Gedanken, die dir während des Lesens durch den Kopf gegangen sind.

Stellt gemeinsam die einzelnen Phasen des Verhältnisses zwischen Duufies und Groofies in einer Übersicht dar.

HERMENEUTIK

Suche dir einen Partner. Einer von euch schlüpft in die Rolle eines Groofies, der andere in die eines Duufies.
Schildert euch jeweils das Geschehen, wie ihr es wahrgenommen habt.

ANALYTIK

Bildet 3er- oder 4er-Gruppen. Sammelt in den Kleingruppen alle im Text enthaltenen Informationen zu Duufies und Groofies und fasst sie stichpunktartig zusammen.

Haltet in der Kleingruppe schriftlich fest, mit welchen Argumenten die Groofies ihr Vorgehen gegenüber den Duufies rechtfertigen. Notiert dabei auch Argumente, die im Text nicht direkt genannt werden, aber begründet angenommen werden können.

DIALEKTIK

Prüfe, ob die Argumente der Groofies für dich
a) nachvollziehbar und
b) stichhaltig sind.
Tretet dann in eine gemeinsame Diskussion.

Einige Groofies, die bewusst kein Duufiefleisch mehr essen wollen, haben sich zusammengetan, um Argumente gegen den Verzehr zu sammeln. Wie könnten diese lauten? Schreibe sie auf.

Teilt eure Klasse in zwei Gruppen. Die Schüler einer Gruppe schlüpfen in die Rolle der Duufies. Beratet nun gemeinsam, was mit den Groofies weiterhin geschehen soll.

Die Schüler der anderen Gruppe schlüpfen in die Rolle der Groofies. Ihr diskutiert gemeinsam, wie der weitere Umgang mit den Duufies aussieht, beispielsweise, ob es einen Rachefeldzug geben soll.

Groofies und Duufies

Überlege, ob sich die Geschichte auf dein Leben übertragen lässt und, wenn ja, auf welche Bereiche.

Notiere im Anschluss Gemeinsamkeiten und Unterschiede zwischen den Geschehnissen in der Geschichte und den festgestellten Bereichen.

Diskutiert im Plenum, ob und mit welchen Argumenten man den Verzehr von Fleisch rechtfertigen kann.

SPEKULATION Wie könnte ein besserer Umgang mit Nutztieren, wie Schweinen, Rindern oder Hühnern, aussehen?

Erstellt in Kleingruppen eine Liste mit mindestens fünf Vorschlägen. Nutzt hierfür die Placemat-Methode.

Der Marathon

Notizen

Vita war gerade dabei, das Zimmer ihrer 4-jährigen Tochter Hanna aufzuräumen, als ihr die leere Packung in die Hände fiel. Ungläubig schüttelte sie den Kopf. Das gab es doch gar nicht. Auf ihre Nachfrage, wo denn die Schokolade geblieben sei, hatte Hanna steif und fest behauptet, sie nicht aus dem Wohnzimmerschrank genommen zu haben. Sie hatte gesagt, es sei bestimmt ihre Freundin Sofie gewesen, die vor zwei Tagen zum Spielen bei ihnen gewesen war.

Vita hatte sie prüfend angesehen und ihr ziemlich deutlich gemacht, dass sie jetzt unbedingt die Wahrheit sagen müsse und auf keinen Fall jemand anderem die Schuld geben dürfe. Daraufhin hatte ihre Tochter angefangen, zu weinen, war in ihr Zimmer gelaufen und hatte die Tür geknallt. Vita hatte es leidgetan, die Kleine verdächtigt zu haben. Ganz offensichtlich war diese jetzt traurig und wütend, weil ihre Mutter ihr dergleichen zugetraut hatte.

Doch da lag das zerknüllte Beweisstück vor ihr. Vita seufzte. Sie würde ein ernstes Gespräch mit Hanna führen müssen, sobald diese aus dem Kindergarten zurückgekommen war.

Vier Stunden später flog Hanna in die Arme ihre Mutter. „Mama, Mama", stammelte sie aufgeregt. „Willy hat gesagt, dass Otto bald sterben wird. Er sagt, das sieht man, weil er schon so viele graue Haare hat." Vita fühlte, wie ihre Tochter vor Aufregung zitterte. Der Dackel, Otto, war in der Tat schon ziemlich alt – und angesichts der allgemeinen Lebenserwartung von Dackeln hatte er wohl tatsächlich nur noch wenige Jahre vor sich.

„Das stimmt doch nicht! Oder?" schluchzte Hanna jetzt. Der Hund war für sie sehr wichtig – er und Hanna liebten sich über alles, er kroch oft zu ihr unter die Decke – ein für Dackel recht untypisches Verhalten. Sie tobten oft im Garten herum und Hanna gab ihm heimlich von ihrem Essen. Vita merkte, wie die Anspannung ihrer Tochter wuchs. Sie dachte an ihre kurz bevorstehende Abfahrt, daran, dass Hanna nun einige Tage ohne sie verbringen würde. Mit fester Stimme sagte sie: „Na, das ist doch wohl der größte Blödsinn, den ich je gehört habe!" Erleichtert atmete Hanna auf.

Eine Stunde später saß Vita im Zug – auf dem Weg nach Tennessee zu ihrem Vater, den sie bei seinem x-ten Marathonlauf unterstützen wollte. Sie dachte an ihre Tochter und die Schwierigkeiten, ein Kind richtig zu erziehen. Bilder aus ihrer eigenen Kindheit kamen hoch. Sie sah sich verzweifelt weinen und um Entschuldigung bitten. Ungefähr in Hannas Alter hatte sie ihren Eltern erzählt, dass ein Junge aus ihrer Kindergartengruppe sie mehrmals in den Magen geschlagen habe.

Der Marathon

Notizen

Ihre Eltern waren entsetzt gewesen und hatten mit den Eltern des Kindes sowie den Erzieherinnen gesprochen. Der Junge hatte zunächst viel Ärger bekommen. Niemand hatte zu Anfang glauben wollen, dass Vita, die sonst so lieb und sanft war, sich die Sache nur ausgedacht hatte.

Vita aber war auf den Jungen so wütend gewesen, da dieser ihr wiederholt ihre Pausenbrote aus dem Rucksack genommen, hineingebissen und vor den anderen Kindern behauptet hatte, diese würden ekelhaft schmecken. Am Ende kam die Wahrheit ans Licht – keine schöne Erinnerung. Ihr Vater hatte ihr damals eingebläut, dass man immer die Wahrheit sagen müsse. Immer, immer, immer. Ohne Ausnahme!

Als sie fünf war, hatte sich etwas ähnlich Unvergessliches ereignet. Es war kurz vor Weihnachten gewesen und Vita hatte schon voller Vorfreude die Tage bis zum Fest gezählt. Beim Spielen mit den Nachbarskindern hatte dann der drei Jahre ältere Tilo gesagt, dass der Weihnachtsmann doch nur etwas für Babys sei. Herausfordernd hatte er Vita angesehen und gefragt: „Du glaubst doch nicht etwa noch an diesen Quatsch, oder?"

Vita war zu ihrem Vater gerannt und hatte diesen gefragt, ob Tilo Recht habe. Er hatte die Stirn in Falten gelegt und gesagt: „Nun ja, es ist zwar sehr schade, dass Tilo so dumm ist und es dir jetzt schon erzählt hat, aber er hat leider Recht. Es stimmt. Den Weihnachtsmann gibt es nicht." Dieses Weihnachtsfest war für Vita das traurigste ihrer Kindheit gewesen.
Nur langsam hatte sie sich damit abfinden können, dass der Weihnachtsmann nur etwas Ausgedachtes war. Vita seufzte laut. Vielleicht hätte ihr Vater besser anders reagieren sollen.

Am Eingang des Geländes zum Barkley-Marathon war schon eine Menge los. Ihr Vater war bereits in voller Montur. Bald würde es losgehen. Der Barkley-Marathon galt als einer der schwierigsten Läufe überhaupt. Er dauerte 60 Stunden und ging durch sehr unwegsames Gelände: Stacheliges Dickicht, reißende Flüsse und steile Berghänge mussten überwunden werden. Die Routenführung änderte sich jedes Jahr und viele der Teilnehmer verliefen sich, da sie die Orientierung verloren.

Vitas Vater hatte schon mehrere Male teilgenommen, er war ein alter Hase – hatte es aber nie bis zum Ende geschafft. Mit seinen 60 Jahren wollte er es nun noch einmal versuchen. Zu Vita hatte er gesagt, dass dies die letzte Chance für ihn war. Seine Vorbereitungen waren extrem hart gewesen – diesmal ging es für ihn um alles.

Der Marathon

Notizen

Während des Laufes konnten die begleitenden Personen die Läufer nur einmal sehen – und zwar von einer Aussichtsplattform aus, die sich auf der Strecke befand. Die Läufer hatten, nachdem sie bereits etliche Stunden hinter sich hatten, meistens kein Gefühl für Entfernung und Zeit mehr. Sie schienen sich wie Roboter zu bewegen – nur einen Gedanken im Kopf: „Nicht aufgeben!" Weitermachen!"

Die Begleitpersonen durften ihren Läufern vom Turm aus neben aufmunternden Worten auch Tipps und Hinweise für die noch bevorstehende Strecke geben. Von vielen wurde an dieser Stelle der Strecke der Lauf allerdings abgebrochen – zu kräftezehrend war der Weg bis dorthin schon gewesen.

Die ersten 40 Stunden waren vorüber, als Vita die niedrige Plattform bestieg. Angestrengt blickte sie in die noch dunkle Wildnis, aus der ihr Vater hoffentlich bald auftauchen würde. Sie gähnte. Sie hoffte, dass ihr Vater es schaffen würde. Sie wusste, wie wichtig dieser Marathon für ihn war. Er war immer sein Lebenstraum gewesen – alle Marathons, die er je gelaufen war, waren immer nur eine Vorbereitung auf diesen einen gewesen.

Da! Dort war die rote Jacke ihres Vaters, die, von den ersten Strahlen der Sonne getroffen, hell zu ihr herüberstrahlte. Ihr Vater sah völlig zerstört aus: Seine Hose war zerfetzt, seine Schuhe völlig verschlammt, das Gesicht zerkratzt und blutig, die Augen verquollen, die Hare hingen ihm wirr ins Gesicht.

Ausdruckslos blickte er zu ihr hoch. „Ich glaube, diesmal schaffe ich es. Es läuft gut. Die Strecke ist fast geschafft", presste er hervor. Vita blickte ihn verwundert an, sagte aber schnell: „Ja, du schaffst es! Weiter so!"
„Komm, schau nicht so drein," keuchte er, „glaub mir, die letzten zehn Stunden schaffe ich noch. Mehr können es ja nicht sein." Als erwarte er eine Bestätigung, schaute er erneut zu ihr hoch. „Oder?" fragte er.

Vita stotterte: „Ja, also …" Dann hielt sie kurz inne. Was sollte sie ihrem Vater nur sagen? Sie war sich sicher, dass er, wenn er die Wahrheit erfahren würde, den Lauf sofort abbrechen würde. Wenn sie ihm allerdings etwas vorschwindeln würde, würde ihn seine Euphorie sicher noch weitertragen. Vielleicht würde er es schaffen.

Der Marathon

PHÄNOMENOLOGIE

Erstelle eine Übersicht zu den einzelnen Ereignissen der Geschichte. Finde zu jedem Ereignis eine prägnante Überschrift. Beschreibe zu jedem Ereignis die Gefühle und Motive, die eine Rolle spielen, und halte sie stichpunktartig fest.

Vitas Vater macht vor dem entscheidenden Marathon einen Tagebucheintrag, in dem er seine Gedanken und Gefühle festhält. Verfasse diesen Eintrag.

HERMENEUTIK

Gestaltet in 4er-Gruppen das aufklärende Gespräch zwischen der 5-jährigen Vita, ihren Eltern und einer der Erzieherinnen und spielt es nach.

Überlegt gemeinsam, welche ethischen Fragen mit dieser Geschichte verbunden sind.

Seht euch noch einmal gemeinsam eure Übersicht der Ereignisse an und haltet fest, aus welchen Gründen jeweils gelogen wird bzw. evtl. gelogen werden wird.

ANALYTIK

Was könnte Vitas Vater zu seiner Überzeugung, dass man immer ausnahmslos die Wahrheit sagen müsse, veranlasst haben? Tragt in Kleingruppen mögliche Gründe für eine solche „radikale" Position zusammen und haltet sie schriftlich fest.

Sammelt verschiedene Arten von Lügen: Denkt hierbei an Aspekte wie Gründe, Folgen, Wissensstand der Handelnden. Überlegt gemeinsam, ob sich bestimmte Arten von Lügen rechtfertigen lassen, und nennt Beispiele.

Verfasse einen Brief an Vitas Vater und teile ihm darin mit, was du von seiner Position hältst. Berücksichtige hierbei auch sein Verhalten bei der Weihnachtsmann-Lüge. Begründe deine Meinung und veranschauliche sie mithilfe von Beispielen.

Der Marathon

DIALEKTIK

Versetze dich in die Rolle Vitas in der Situation der Entscheidung. Halte ihre möglichen Überlegungen und ihr Ergebnis mithilfe der Methode des Automatischen Schreibens fest.

Führt auf dieser Grundlage mit der gesamten Lerngruppe eine Pro-und-Kontra-Debatte.

SPEKULATION

Nach der Rückkehr Vitas spricht diese mit ihrer Tochter über die geklaute Schokolade. Schreibt zu zweit einen Dialog.

Angenommen, Vita hat ihrem Vater bei dem Lauf nicht die Wahrheit gesagt. Überglücklich schafft dieser es tatsächlich bis ins Ziel. Nach dem Erfolg wird ihm aber langsam bewusst, dass seine Tochter nicht seinem einstigen Rat gefolgt ist. Wie könnte seine Reaktion aussehen? Stellt seine Reaktion szenisch dar.

Planet Erde

Notizen

Abschlussbericht an den Hohen Rat der Galaxie
Commander 7437 an Heimatplaneten Nautilus

I. Wert des Planeten

Es ist unbezweifelbar, dass der Planet Erde zu den wertvollsten Lebensräumen unserer Galaxie gezählt werden muss. Bisher ist kein anderer Planet bekannt, der eine derartige Vielfalt an Lebensformen in einem sich selbst erhaltenden System hervorgebracht hat. Der Abstand zur dortigen Sonne, die Rotation von Erde und Mond, der Kreislauf des Wassers: All diese Gegebenheiten sind einzigartig. Ohne Einfluss der Gattung Mensch ist zudem zu erwarten, dass diese Vielfalt in wechselnden Erscheinungsformen bis zum Ende des Sonnensystems in ca. fünf Milliarden Jahren fortbesteht.

II. Mensch

Die Gattung Mensch wurde bereits in meinem Ersten Forschungsbericht (F33227) vor 10.000 Jahren erwähnt. Sie unterscheidet sich deutlich von den anderen Lebensformen des Planeten Erde. Während die Menschen auf der einen Seite erstaunlich unterentwickelt sind, verfügen sie auf der anderen Seite über bemerkenswerte Intelligenz, Einfühlungsvermögen und Kreativität. Zahlreiche Leistungen der Gattung Mensch können mit guten Gründen der Kategorie „besonders schützenswert" (vgl. Forschungsbericht F 33228) zugeschrieben werden. Gleichzeitig ist die Gattung durch zwei erschreckende Eigenschaften geprägt. Einerseits haftet der Gattung eine in der Galaxie einmalige Gewaltbereitschaft an (vgl. Forschungsbericht 33230). Andererseits fehlt der Gattung jedes Gespür für das Gesamtsystem ihres Planeten. Beide Problemeigenschaften machen eine vollständige Zerstörung des gesamten Lebensraums Erde immer wahrscheinlicher. Ein Zustand, der durch die explosionsartige Vermehrung der Gattung und ihre Rücksichtslosigkeit gegenüber anderen Kreaturen in den letzten Jahren immer erschreckendere Ausmaße annimmt.

Planet Erde

Notizen

III. Handlungsoptionen

1. Nichteingreifen: Bei Nichteingreifen der galaktischen Koalition sehe ich drei mögliche Entwicklungen:
   a) Die Menschheit bewirkt eine vollständige Zerstörung des Planeten mit all seinen Lebensformen.
   b) Die Menschheit bewirkt eine Selbstzerstörung und die Zerstörung vieler Lebensformen. Anschließend wird der Planet Erde gesunden und noch Milliarden von Jahren in all seinem Reichtum weiterbestehen.
   c) Die Menschheit nutzt ihre geistigen und emotionalen Fähigkeiten, um sich selbst zu kontrollieren und zu beschränken. In diesem Fall könnte der Planet Erde inklusive der Menschheit noch viele Milliarden Jahre bestehen.

2. Umsiedlung der Menschheit
   Diese Option scheidet leider aus. Bisher ist kein Planet bekannt, auf dem die empfindlichen Menschen überleben könnten.

3. Vernichtung der Menschheit. Die Vernichtung der Gattung Mensch wäre ein dramatischer Verlust. In der Masse mögen Menschen abschreckend sein, aber jeder Einzelne von ihnen ist von besonderem Wert. Auf der anderen Seite besteht ohne diesen Schritt kaum Hoffnung, den Planeten vor gewaltigem Schaden zu bewahren.

Mir ist bewusst, dass der Hohe Rat der Galaxie noch nie über die Vernichtung einer Gattung zu entscheiden hatte. Aus diesem Grund möchte ich auch keine Empfehlung abgeben und vertraue auf die Weisheit des Rates.

Planet Erde

PHÄNOMENOLOGIE

Versuche, mit deinen Worten möglichst genau zu beschreiben, wer hier was an wen berichtet. Ergänzt eure Beschreibungen im Plenum.

Beschreibe außerdem genau, welche Optionen formuliert werden.

HERMENEUTIK

Welche Eigenschaften des Menschen werden genannt und was dürfte damit gemeint sein? Formuliere dein Verständnis in eigenen Worten und veranschauliche ggf. mit Beispielen.

Wie deutest du die Gefühle von Commander 7437? Wie dürfte es ihm beim Verfassen seines Abschlussberichtes ergangen sein? Schreibe stichpunktartig auf, was deiner Ansicht nach in ihm vorging.

ANALYTIK

Trage alle Informationen über den Commander und den Hohen Rat der Galaxie zusammen, die aus dem Text zu entnehmen sind, und liste sie in Stichpunkten auf.

Beantworte die folgenden Fragen schriftlich:
Welche Eigenschaften werden von Commander 7437 als wertvoll bezeichnet? Welche Gründe lassen sich für diese Bewertung anführen?

DIALEKTIK

Spielt die entscheidende Sitzung des Hohen Rates der Galaxie. Teilt die Klasse zuvor in vier Arbeitsgruppen ein. Jede Gruppe bereitet eine kurze Standpunktrede für eine der vorgeschlagenen Handlungsoptionen vor (1a, 1b, 1c, 3). In der Sitzung werden die Standpunktreden wechselseitig einander vorgetragen. Es folgt eine offene Diskussion zu den vier Optionen. Am Ende wird über die Zukunft der Menschheit in geheimer Abstimmung entschieden.

SPEKULATION

Was dürfte in den Forschungsberichten F 33227, F 33228 und F 33230 zu lesen sein? Spielt einen Auftritt vor dem Hohen Rat, in dem Experten die beiden Forschungsberichte kurz zusammenfassen. Tragt zuvor als Experten die vermeintlichen Informationen der drei Forschungsberichte in Stichworten zusammen.

Überlegt gemeinsam, ob noch weitere Handlungsoptionen bestehen und, wenn ja, welche.

Das ewige Leben

Notizen

Du befindest dich auf dem Flug in ein exotisches Land. Nach 14 Stunden im Flugzeug fällt dir ein merkwürdiges Geräusch auf. Auch die anderen Passagiere schauen sich besorgt um. Das Flugzeug beginnt, zu wackeln. Panik bricht aus. Immer schneller sinkt ihr nach unten – dann plötzlich ein harter Schlag.

Als du zwischen den Trümmern erwachst und verstehst, was passiert ist, kannst du es nicht fassen: Du lebst! Du hast einen Flugzeugabsturz überlebt! Glücklicherweise gibt es noch weitere Überlebende. Das Wichtigste ist es jetzt, etwas zu essen und Wasser zu finden. Ihr teilt euch auf und schon bald befindest du dich allein in einem tiefen Tal, das von hohen Bergen umgeben ist. Außer ein paar Beeren siehst du nicht viel Essbares und so gehst du immer weiter.

Du gelangst in eine Gegend, in der du auf viele Menschen stößt, die dich freundlich begrüßen, dir zu essen und zu trinken geben, aber ansonsten kein großes Interesse an dir zeigen. Ziemlich schnell fällt dir auf, dass dir nur junge Leute begegnen. Die Ältesten schätzt du auf 30. Dir wird angeboten, eine Weile bei ihnen zu wohnen – du nimmst dankend an, da du Erholung brauchst, bevor du dich auf den Rückweg machst.

Die Tage vergehen wie im Fluge. Du hast viel zu beobachten, da dir das Leben dieser Menschen auf rätselhafte Weise anders erscheint: So erledigen sie alles mit große Ruhe. Hektik scheinen sie nicht zu kennen. Als bei einem Sturm eine ihrer Hütten vollkommen zerstört wird, zucken die Betroffenen nur mit den Achseln. Eine derartige Gelassenheit hast du noch nie erlebt.

Besonders die älteren Bewohner dieses Tales wirken oft unbeteiligt. Ihr Alltag verläuft so, als ob sie keine Ziele bzw. irgendwelche Pläne hätten. Ihr Verhalten grenzt an Gleichgültigkeit. Auch wenn du nicht ihre Sprache sprichst, versuchst du, herauszubekommen, warum es hier keine wirklich alten Menschen gibt. Du erhältst zunächst keine Antwort. Nachdem du aber längere Zeit dort bist, bittet dich eine Gruppe von ihnen, mitzukommen. Du bekommst die Augen verbunden und wirst einen langen Weg geführt.

Als dir endlich die Binde von den Augen genommen wird, erblickst du einen kleinen Fluss, der sich sanft durch eine grüne Wiese schlängelt. Eine Frau erklärt dir mittels Zeichensprache das Geheimnis ihres Volkes: Im Alter von 30 Jahren wird jeder zum Fluss geführt, um aus diesem ein einziges Mal zu trinken. Das Wasser besitzt an diesem Ort die Kraft, das ewige Leben zu schenken. Ein Aufheben dieses Zaubers ist lediglich durch Selbsttötung möglich. Sie fragt dich, ob du nicht auch kosten wollest. Voraussetzung sei aber, dass du niemanden, von dem Wasser und seiner besonderen Wirkung erzählst. Erstaunt blickst du die um dich Stehenden an. Wie sollst du dich entscheiden?

© Verlag an der Ruhr | Autoren: Cordula Möller, Markus Tiedemann | ISBN 978-3-8346-3814-4 | www.verlagruhr.de

Das ewige Leben

PHÄNOMENOLOGIE Stelle dir vor, die Person in der Geschichte (du) führt ein Tagebuch. Schreibe die Einträge vom Beginn des Absturzes bis zu der Entscheidung auf.

HERMENEUTIK Stellt zu zweit Thesen auf, die das in den Zeilen 14–38 beschriebene Verhalten erklären können.

Schlüpfe in die Rolle eines der 30-Jährigen und schreibe seine Gefühle im Hinblick auf sein Leben im Tal auf. Nutze hierbei, wenn du magst, die Methode des Automatischen Schreibens.

ANALYTIK Sucht in Kleingruppen in der Geschichte nach Schlüsselbegriffen, die die Einstellung der Bewohner zu ihrem Leben verdeutlichen, und markiert sie im Text.

Erklärt folgende Aussagen des argentinischen Schriftstellers Jorge Luis Borges und stellt dabei einen Bezug zu der Geschichte her. Berücksichtigt die gefundenen Schlüsselwörter.

> „Der Tod oder die Anspielung auf ihn, macht die Menschen preziös und pathetisch. […] Alles hat bei den Sterblichen den Wert des Unwiederbringlichen und des Gefährdeten."
>
> Quelle: Borges, Jorge Luis: Der Unsterbliche, in: Ders.: Die Bibliothek von Babel. Reclam: Stuttgart 2006, S. 16f.

Worterklärungen:
preziös = kostbar
pathetisch = feierlich

Der Traum vom ewigen Leben ist wohl so alt wie die Menschheit. Mit den technischen Entwicklungen haben sich auch die damit verbundenen Vorstellungen verändert – derzeit gibt es gar Überlegungen, ob es möglich sein könnte, sein geistiges Ich mit einer unsterblichen virtuellen Realität zu verknüpfen. Sammelt im Plenum Argumente, die die Unsterblichkeit als etwas Positives darstellen, und haltet sie schriftlich fest.

> Der deutsche Philosoph Konrad Paul Liessmann schreibt:
> „Der Mensch ist das einzige Tier, das weiß, dass es sterben muss."
>
> Quelle: Liessmann, Konrad Paul: Ruhm, Tod und Unsterblichkeit: über den Umgang mit der Endlichkeit, Paul Zsolnay Verlag: Wien 2004

Erkläre schriftlich mithilfe dieser Aussage, worin einer der wesentlichen Unterschiede zwischen Mensch und Tier besteht und was er für den Umgang mit dem eigenen Leben bedeutet.

Das ewige Leben

DIALEKTIK

Nutzt in der Lerngruppe die Fishbowl-Methode, um zu diskutieren, wie sich der Überlebende in der Geschichte entscheiden soll. Bezieht in die Disskussion die vorher gesammelten Argumente mit ein.

Stellen wir uns vor, der Überlebende hat sich gegen einen Schluck aus dem Fluss entschieden. Nach der Rückkehr aus dem Tal muss er zu seinem Erstaunen feststellen, dass das Flugzeug von einem Hilfstrupp gefunden und repariert wurde. Alle Passagiere sollen nun zurücktransportiert werden. Bereits zehn Minuten nach dem Start bemerkt er im Flugzeug erneut merkwürdige Geräusche. Diskutiert in der Lerngruppe, ob seine Entscheidung dennoch die richtige war.

SPEKULATION

Überlegt in Kleingruppen, ob die Bewohner des Tales sich anders verhalten würden, wenn sie nicht von dem Wasser getrunken hätten. Haltet eure Überlegungen stichpunktartig fest und tauscht euch anschließend im Plenum darüber aus.

Diskutiert, ob euch die Entscheidung für den Schluck aus dem Fluss leichter fallen würde, wenn ihr das Geheimnis mit von euch geliebten Menschen teilen könntet.

Fremder Besuch

Notizen

Yogo ist ein ferner Planet einer unserer Nachbargalaxien. Seine Bewohner, die Yogi, wissen von der Existenz der Erde. Vor Tausenden von Jahren gab es eine verdeckte Erkundungsmission. Damals wurden Forschungsberichte erstellt, die aber leider nur noch zum Teil erhalten sind. Die lebenden Yogi wissen lediglich, dass es auf der Erde Lebewesen gibt, die Menschen heißen und zumindest über eine gewisse Intelligenz verfügen.

Im Rahmen einer neuen Mission wird nun erneut ein Yogo auf die Erde entsandt. Seine Hauptaufgabe ist die Überprüfung der vorhandenen Informationen, um eine möglichst genaue Beschreibung des „Menschen", also seiner Wesensmerkmale, zu erstellen. Der bisherige Wissensstand lässt sich wie folgt festhalten:

- er hat zwei Beine,
- er tauscht mit anderen Menschen komplexe Laute aus,
- er kann melodische Klänge produzieren,
- er beschäftigt sich zuweilen mit Dingen, die keinen erkennbaren Sinn haben,
- wo sich einer von ihm befindet, sind meistens auch andere,
- er kann sich in verschiedenen Stimmungen befinden.

Als Yogo X auf der Erde landet, steht gerade die Zeit des Karnevals bevor, sodass er in seiner für die Erdenbewohner ungewöhnlichen Erscheinung nicht weiter auffällt, sondern eher als lustiger Freak wahrgenommen wird.

Yogo X macht sich gemäß seinem Auftrag sofort auf die Suche nach seinem Forschungsobjekt. Das Erste, was er erblickt, ist ein auf allen vieren krabbelndes Wesen, das die Laute „Ma-ma, Ma-ma" von sich gibt. Yogo X wendet sich ab. Er bemerkt nicht die junge Frau, die das kleine Wesen liebevoll auf den Arm nimmt, da sein Blick von einem kleinen, grünen Ding gefesselt wird, das auf zwei Beinen hüpft und dabei laut krächzt.

Plötzlich fliegt das Ding in die Luft – fast gleichzeitig springt ein wuscheliger Vierbeiner jaulend an ihm hoch. Erschrocken weicht Yogo X zurück. Der Wuschel gibt nun ein lautes Knurren von sich. Da kommt noch ein Wuschel angelaufen und schmiegt sich an den ersteren.

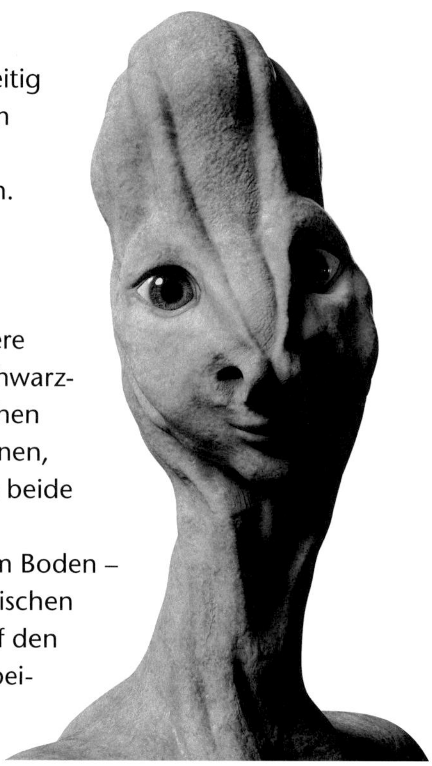

Auf seinem weiteren Weg stößt er auf eine größere Gruppe von Zweibeinern, die zusammen eine schwarz-weiße Kugel hin und her bewegen. Am Rand stehen weitere Zweibeiner, die sich auszutauschen scheinen, ab und an äußern sie sich sehr laut und schlagen beide Hände aufeinander. Im Weitergehen fällt Yogo X' Blick auf ein Paar am Boden – zwischen ihm befindet sich ein Brett mit quadratischen Feldern, die ebenfalls schwarz und weiß sind. Auf den Feldern stehen kleine Figuren, die von den Zweibeinern abwechselnd verschoben und ab und zu auch vom Brett genommen werden.

Fremder Besuch

Notizen

In der Nähe sitzen auf einem Gestell zwei jüngere Zweibeiner, die die Köpfe zusammenstecken und Laute, die einem andauernden „Hi-hi-ha-ha" ähneln, von sich geben. Ein anderer Zweibeiner nähert sich, berührt die auf dem Gestell Sitzenden und drückt seine Lippen auf die Lippen eines der beiden. Yogo X blickt erstaunt – nun bemerken ihn die Zweibeiner und sind ihm offensichtlich nicht freundlich gesonnen. Sie geben schnelle Laute von sich. Einer hebt seine Hand und weist in eine andere Richtung. Yogo X folgt der angedeuteten Richtung und gelangt schon bald in einen ganz anders aussehenden Bereich.

Überall sieht er große Gebilde mit Öffnungen, in denen Zweibeiner wohnen. Durch die kleineren durchsichtigen Öffnungen blickt er in das Innere eines Gebildes und sieht einen kleinen Zweibeiner, der eine kurze Stange in der Hand hält und auf einer weißen Fläche das Bild eines Wuschels hinterlässt. Zu ihm gesellt sich bald ein weiterer kleiner Zweibeiner, der versucht, dem ersteren die Stange aus der Hand zu ziehen. Dieser will sie aber nicht hergeben. Beide werden immer wilder und beginnen, mit den zusammengeballten Händchen aufeinander einzuschlagen. Yogo X bemerkt, dass einem der beiden kleine, nasse Tropfen aus den Augen fallen.

Er bleibt vor einem Gebilde stehen, das noch nicht fertig zu sein scheint – ganz oben sitzen mehrere Zweibeiner und werfen sich Klötze zu, die mit einer Masse auf bereits vorhandene Klötze geklebt werden. „Miau-miau" Yogo X dreht sich um und sieht zwei Vierbeiner, die mit ihren Beinchen ein weiches Teil bewegen – dabei tänzeln sie hin und her. Er setzt seinen Weg fort und folgt dabei noch nie gehörten Klängen. Er stößt auf einen Zweibeiner, der einen kleinen Kasten mit Tasten in den Händen hält. Dieser wird auseinandergezogen und wieder zusammengeschoben.

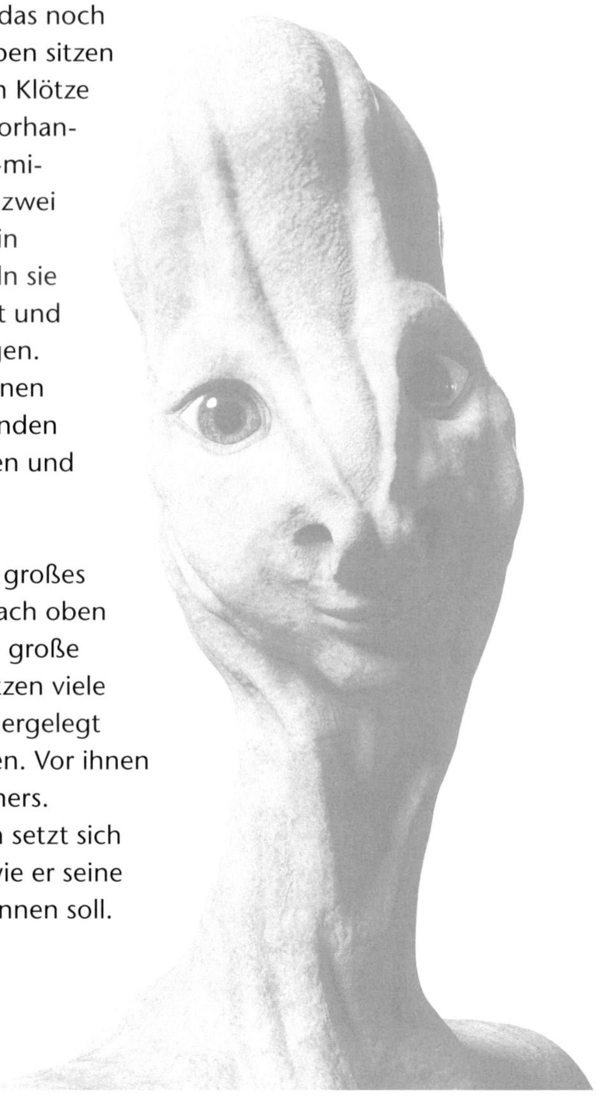

Am Ende der Straße fällt Yogo X ein großes Gebilde ins Auge: Es verjüngt sich nach oben hin zu einer Spitze. Er tritt durch die große Öffnung in das Innere. Stille. Hier sitzen viele Zweibeiner, die ihre Hände ineinandergelegt haben und zumeist nach unten sehen. Vor ihnen befindet sich das Bild eines Zweibeiners. Erschöpft von den vielen Eindrücken setzt sich auch Yogo X nieder und überlegt, wie er seine Beschreibung des „Menschen" beginnen soll.

Fremder Besuch

PHÄNOMENOLOGIE

Beschreibt zu zweit genau, was Yogo X auf der Erde erlebt. „Übersetzt" hierbei ihm unbekannte Sachverhalte in unsere Alltagssprache, sodass deutlich wird, um welche Situationen es sich handelt. Ihr könnt diese „Übersetzung" beispielsweise als Tabelle anlegen: links die Yogo X unbekannten Sachverhalte und rechts ihre Übersetzung.

Überlegt, was Yogo X bei seinen Beobachtungen irritieren könnte. Ihr könnt eure Überlegungen in der Tabelle den jeweiligen Sachverhalten zuordnen.

HERMENEUTIK

Bildet Kleingruppen: Tragt die von Yogo X beobachteten Merkmale des Menschen in den Kleingruppen schriftlich zusammen. Passen sie zu dem bisherigen Wissenstand der Yogi?

Schlüpft in die Rolle von Yogo X und verfasst seinen Bericht.

ANALYTIK

Sammelt weitere, eurer Meinung nach wesentliche Merkmale des Menschen. Begründet eure Entscheidung.

Tauscht euch mit einer anderen Gruppe aus und einigt euch auf die zehn wichtigsten Merkmale. Welche Eigenschaften waren leicht als wesentlich zu benennen, bei welchen ist es euch schwergefallen?

DIALEKTIK

Diskutiert im Plenum, welche der von Yogo X beobachteten Merkmale auch auf Tiere zutreffen könnten.
Überlegt auch, warum es schwierig ist, das Wesen des Menschen über Merkmalslisten zu erfassen.

SPEKULATION

Bist du der Meinung, dass das Wesen des Menschen unveränderlich ist? Begründe deine Meinung.

Überlege weiterhin: Welchen Einfluss könnten neue technische Entwicklungen auf das Bild vom Menschen haben? Tauscht euch im Plenum darüber aus.

Elli denkt

Notizen

Elli ist in der 8. Klasse und seit einigen Monaten schwer in Cord aus der 9. verliebt. Im Mai hatte sie ihre Sporttasche in der Halle vergessen und Cord, der sie gefunden und das Schildchen mit ihrem Namen entdeckt hatte, hatte sie ihr zurückgebracht. Seitdem ist sich Elli sicher, dass Cord sie mindestens ebenso gerne kennenlernen würde.

Es ist Sommer und Elli ist mit ihrer Freundin Jana am Strand. Sie überlegt, ob sie ihr ihre Herzenssache erzählen soll, entscheidet sich aber dagegen. So was behält sie lieber für sich. Da kommt Cord mit zwei anderen Jungs – sie gehen an Elli und Jana vorbei und grinsen. Was grinsen die so, denkt Elli. Bestimmt finden die uns in unseren neuen Bikinis ganz toll. Schade nur, dass sie zu schüchtern sind, um uns anzusprechen.

Wenig später im Wasser. Die Mädchen liegen auf ihren Luftmatratzen – die Jungs spielen Wasserball. Elli schielt immer mal wieder rüber. Da fliegt plötzlich der Ball haarscharf an ihrer Matratze vorbei ins Wasser. Elli hat genau gesehen, wer den Ball da gerade geworfen hat. Sie richtet sich auf und strahlt in Cords Richtung. Na also, das war doch schon mal ein erster Annäherungsversuch, denkt sie.

Eine Woche ist vergangen. Elli hat schlechte Laune. So langsam hat sie wirklich keine Lust mehr, zu warten. Sie steht in der Schulmensa, das leere Tablett neben sich, in der Schlange. Sie ist die Letzte und nun stellt ausgerechnet Cord sich hinter ihr an. Na, das kann ja kein Zufall sein, denkt sie und merkt, wie ihr Herz zu hüpfen beginnt. Sie ist an der Reihe und füllt sich ihren Teller fast mechanisch. Sie schiebt ihr Tablett weiter. Peng! Da knallt das Tablett von Cord gegen ihres. Sie dreht sich um. Cord blickt sie an und murmelt kurz ein „Oh sorry." Elli merkt, wie die Hitze in ihren Kopf steigt, aufgeregt geht sie zu ihrem Platz.

Am Nachmittag kommt es zu einer nächsten Begegnung der beiden. Elli und Jana sitzen auf einer Bank vor dem Eiscafé „Venezia." Auch Cord und sein scheinbar bester Freund holen sich ein Eis. Elli schielt auf die Sorten, die Cord sich ausgesucht hat. Sie ruft unabsichtlich laut: „Das sind ja genau die Sorten, die ich auch am liebsten mag." Cord sieht sich irritiert nach ihr um, geht aber weiter, ohne einen Ton zu sagen. Elli schnaubt. Wut und Enttäuschung steigen in ihr auf. Was bildet der sich denn ein, denkt sie.

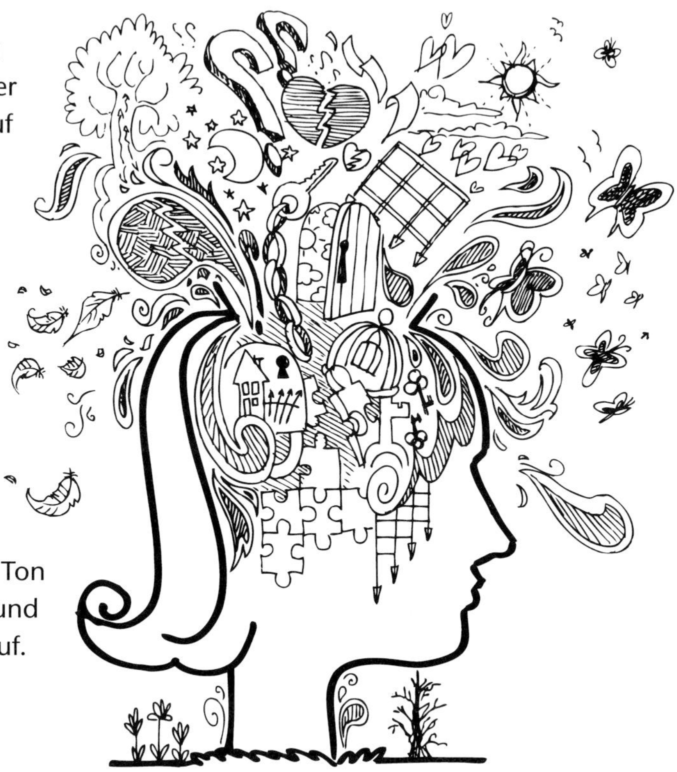

Elli denkt

Notizen

Etwas später rast sie mit dem Fahrrad nach Hause. Das Fahren beruhigt sie. Sie muss lachen. Oh Mann, denkt sie, Jungen sind doch wirklich alle Trottel. Er hat sich einfach nicht getraut. Das ist alles.
Am nächsten Tag regnet es und Elli nimmt den Schulbus. Neben ihr ist ein freier Platz. Sie starrt aus dem Fenster in den Regen. Da bemerkt sie eine rote Jacke, die sich auf den Bus zubewegt. Cord. Elli knetet nervös ihre Finger.
Gleich wird er neben ihr sitzen, das ist gewiss. Im nächsten Moment geht Cord langsam durch den Gang. Er sieht sie kurz ausdruckslos an. Zwei Reihen vor Elli lässt er sich und seinen Rucksack auf den Sitz plumpsen. Elli läuft rot an. Jetzt hab ich's verstanden, denkt sie. Doppelte Wut. Auf sich selbst und Cord. Wie hatte sie nur so blöde sein können. Es war doch ganz klar: Cord hatte ein Spielchen mit ihr gespielt.

Das Zurückbringen der Tasche, das Grinsen, der Ballwurf, die Berührung in der Mensa – das alles war nie ernst gemeint gewesen! Wahrscheinlich hatte er sich die ganze Zeit gemeinsam mit seinen Freunden über sie lustig gemacht. Elli knirscht mit den Zähnen. Na, warte, denkt sie. Na, warte! Du wirst schon sehen, was du davon hast.

In den darauffolgenden Tagen steigert sich Ellis Wut ins Unermessliche. Auf dem Schulhof sieht sie, wie er mit anderen Mädchen seiner Klasse flüstert und dabei kurz zu ihr herübersieht. Mistkerl, denkt sie. Wahrscheinlich lacht mittlerweile schon die ganze Schule über mich.

Kurz vor den Sommerferien finden die großen Sportspiele statt. Elli hat sich ihre schicken Sportsachen angezogen. Jetzt steht das Finale des Basketballturniers der Jungen der 9. Klassen auf dem Programm. Auch Cord ist auf dem Platz. Es ist ein spannender Kampf zweier gleich starker Teams. Die Zuschauer verfolgen enthusiastisch den Verlauf des Spiels, als plötzlich Elli das Spielfeld betritt.

Die Pfiffe des Schiedsrichters scheinen sie nicht zu beeindrucken. Zielstrebig läuft sie auf den gerade am Boden rollenden Ball zu, nimmt ihn hoch und wirft ihn Cord voller Wucht an den Kopf.

Elli denkt

PHÄNOMENOLOGIE

Gestaltet zu zweit eine Übersicht zu Ellis Gedanken und Gefühlen. Verdeutlicht dabei innerhalb der Darstellung die jeweilige Situation, in der sie sich befindet.

Male ein abstraktes Bild, das Ellis Gefühle zum Ausdruck bringt – verwende unterschiedliche Farben. Stellt eure Werke einander im Plenum vor und interpretiert sie wechselseitig.

HERMENEUTIK

Schlüpfe in die Rolle Cords und schreibe die Geschichte aus seiner Perspektive auf. Vergleicht eure Versionen in der Lerngruppe.

Einige Tage nach dem Basketballwurf stehen sich Cord und Elli im Raum der Streitschlichter gegenüber. Gestaltet ein Rollenspiel, neben Elli und Cord sind auch zwei Streitschlichter beteiligt.

ANALYTIK

Ruft den Song-Text „Nur in deinem Kopf" der Gruppe „Die Fantastischen Vier" im Internet auf, z. B. unter: https://www.elyrics.net/read/d/die-fantastischen-vier-lyrics/nur-in-deinem-kopf-lyrics.html
Lest die Zeilen 4 bis 11 genau und fasst die Aussagen in eigenen Worten zusammen.

Elli denkt

DIALEKTIK Zeichne das Innere von Cords und Ellis Köpfen.

Erklärt in Kleingruppen die Aussage: „Jeder konstruiert sich seine eigene Welt." (frei nach Paul Watzlawick) und bezieht sie auf die Geschichte.

Alternativ:
Führt zu dieser Aussage ein Schreibgespräch.

Diskutiert im Plenum, inwiefern es neben der eigenen „Kopf-Welt" auch eine gemeinsame Welt geben kann.

Überlegt gemeinsam, was die Einsicht, dass jeder von uns in seinem eigenen Kopf feststeckt, für unser tägliches Miteinander und Handeln bedeutet. (Worauf sollten wir achten? Wie sollten wir uns verhalten?)

SPEKULATION Schreibe die Geschichte so um, dass es am Ende nicht zum Ballwurf kommt.

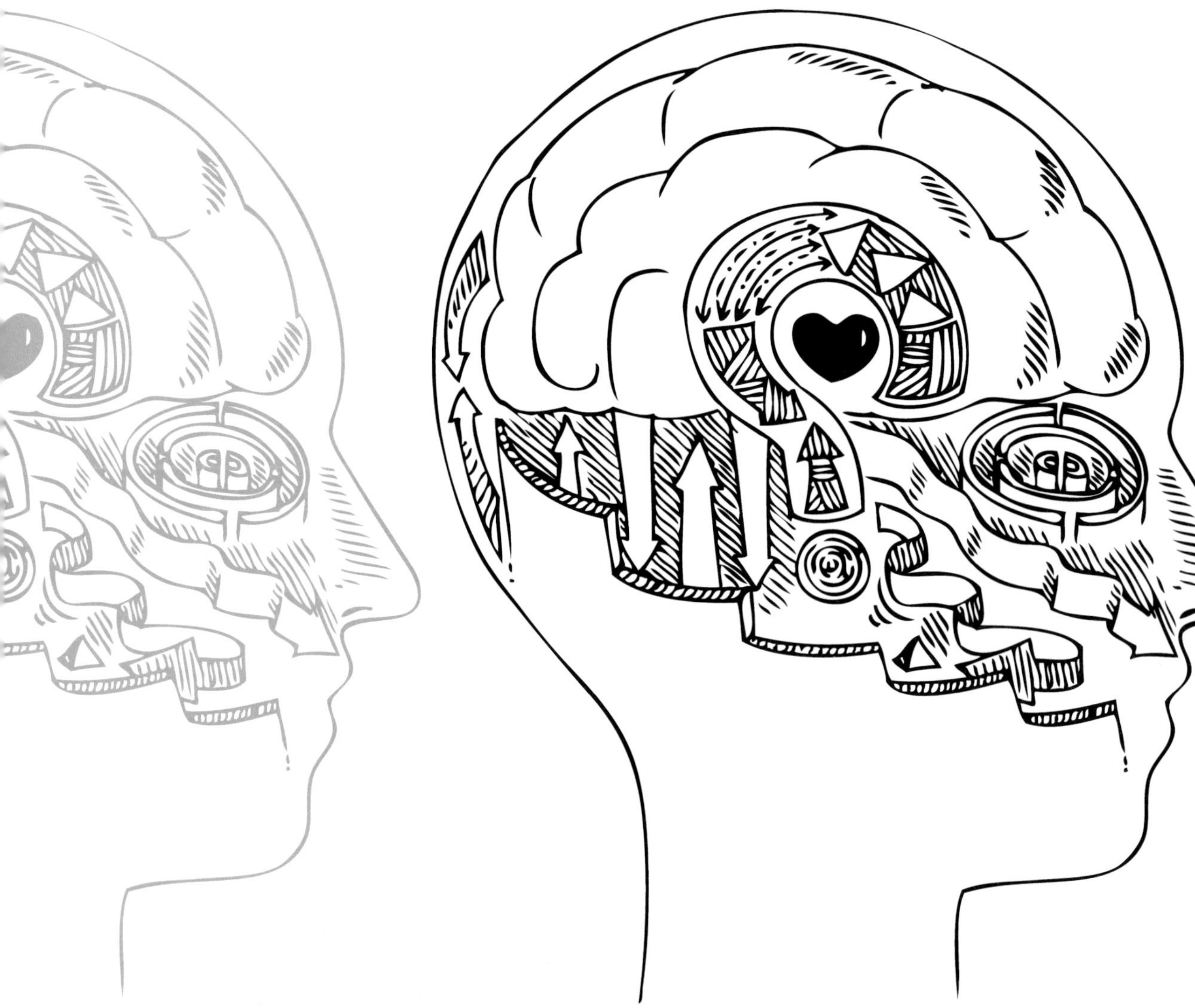

Ich – Zustandsbeschreibung

Notizen

Ich wurde am 13. Januar 2050 geboren. Zumindest wurde mir das so erzählt. Leider kann ich mich auch nicht an die nachfolgenden Jahre erinnern, man sagt mir aber, sie seien gut gewesen. Ich wuchs behütet auf, war ein liebevolles Kind, ein strebsamer Schüler und Student und hatte einen gut bezahlten Beruf. Ich habe viele Reisen unternommen. Man sagt, dass ich regelrecht versessen auf das Sammeln neuer Eindrücke und Erfahrungen gewesen sei. Mit 33 Jahren wurde ich Vater von eineiigen Zwillingen. Meine Frau und die beiden Mädchen, die jetzt sieben sind, kommen mich regelmäßig besuchen.

Ich muss sagen, dass mich ihre Besuche ermüden. Die Kinder scheinen sich schnell zu langweilen. Nach kurzer Zeit drehen sie ihre eigenen Runden im Park. Meine Frau ist stets bemüht, doch ich merke ihr an, dass auch sie die Besuche als Last empfindet. Kann ich es ihr verübeln? Worüber sollen wir reden? Uns fehlt das Band, das uns einst verband, und so sitzen wir da wie Fremde.

Erinnerung – das Bewusstsein vergangener Taten – sie fehlt mir fast gänzlich. Lediglich einzelne Bruchstücke sind vorhanden: der erste Kuss, ein gebrochenes Bein, warmer Sand unter meinen Füßen, der Duft eines Cappuccinos, das Zersplittern von Glas. Puzzleteile, die durcheinandergeraten sind und nicht mehr einfach zusammengebracht werden können.

An den Unfall kann ich mich überhaupt nicht erinnern. Mein Auto soll vollkommen zertrümmert gewesen sein. Angeblich war es meine Schuld – zu schnell gefahren – in der Kurve frontal gegen den Baum geknallt. „Glück gehabt" sagen alle. „Was für ein Glück! Du hättest eigentlich tot sein müssen." Doch wen meinen sie mit diesem „du"? Diese Frage stelle ich mir schon lange.

Ich erinnere mich an einen sanften Lichtstrahl. Ich öffnete die Augen und sah durch eine sich im Wind bewegende, weiße Gardine in den blauen Himmel. Erstaunt blickte ich um mich. Ein schlichtes Zimmer, ein Tisch, zwei Stühle, ein Bett, in dem ich lag. Die Wände in einem warmen Gelbton gestrichen. Die Tür ging auf und herein kam ein freundlich blickender, glatzköpfiger Mann: „Willkommen im Sanatorium, Herr Jahn! Ich hoffe, Ihnen geht es den Umständen entsprechend gut."
So begann der Teil meines Lebens, an den ich mich erinnern kann. Wie Sie wissen, bin ich nun schon gut ein halbes Jahr hier und muss langsam anfangen, über mein weiteres Leben außerhalb des Sanatoriums nachzudenken.

Ich – Zustandsbeschreibung

Notizen

Mich quält die Ungewissheit, wer ich bin. Hendrik Jahn lautet mein Name – doch ich fühle mich wie ein Schwindler, wenn ich ihn benutze. Im Grunde ist es doch fast wie bei meinen beiden Mädchen: Vom Äußeren her sind sie exakt gleich, aber das Innere …
Gleich zu Beginn meines Aufenthaltes habe ich die Bekanntschaft von Sami gemacht. Sami ist mit einer sehr schweren Krankheit in die Klinik gekommen. Sie hatte seinen Körper schon so stark geschädigt, dass er nicht mehr zu retten war. Glücklicherweise besitzt Sami viel Geld und so setzte er auf eine sich noch in den Kinderschuhen befindliche neue Technologie. Sein Bewusstsein wurde vollständig in einen anderen Körper transferiert. Sami gibt zu, dass er sich erst mal an sein neues Äußeres gewöhnen musste – er sagt, dass sich jetzt vieles ganz anders anfühlen würde. Daran, dass er Sami sei, habe er aber noch nie gezweifelt. Ich habe es ihm nicht gesagt, aber wenn ich mir alte Fotos von ihm anschaue, überkommt mich das Gefühl, dass der neue Sami seinen Namen vielleicht doch nicht ganz zu Recht trägt. Welch ein Unterschied!
In unseren bisherigen Gesprächen gaben Sie, Herr Dr. Ernst, zu bedenken, dass auch das Bewusstsein eines Kindes große Lücken aufweise – so könne es sich an die ersten drei Jahre seines Lebens auch nicht erinnern. Diese Lücke werde durch Erzählungen der Eltern gefüllt – so wie bei mir eben durch die Erzählungen meiner Freunde und Verwandten. Zudem befinde sich das Ich ständig im Wandel. Das Ich sei nichts, was man leicht zu fassen bekäme.
Mich überzeugt diese Version, ehrlich gesagt, nicht. Ich fühle keinerlei Bindung zu den mir angeblich Nahestehenden – den Nahestehenden von Hendrik Jahn. Meine alten Leidenschaften sind mir größtenteils fern.
Zum jetzigen Zeitpunkt kann ich nur sagen: Ich bin nicht Hendrik Jahn!

Ich – Zustandsbeschreibung

PHÄNOMENOLOGIE

Stelle dir vor, Hendrik beschreibt einem Unbekannten vor seinem Unfall, wer er ist.
Beschreibe möglichst genau die Gedanken und Gefühle, die Hendrik nach seinem Unfall durch den Kopf gehen, in Form eines Briefes.

Was ist das ICH? Bildet Paare und sammelt erste Ideen mithilfe der Methode „Rotierendes Partnergespräch".

HERMENEUTIK

Wie würdest du selbst dein ICH beschreiben? Überlege genau, was dich deiner Meinung nach ausmacht. Halte deine Ergebnisse fest: Male ein Bild, gestalte eine MindMap oder schreibe einen Text.

Suche dir einen Partner. Jeder von euch notiert die Aspekte, die seiner Meinung nach zum ICH des anderen gehören. Tauscht eure Ansichten aus und vergleicht sie mit den Ergebnissen der vorherigen Aufgabe.

Schreibt auf, was für euch alles zum ICH dazugehört (Merkmale, Eigenschaften etc.). Vergleicht eure Ansicht mit den Aussagen Hendriks. Notiert Gemeinsamkeiten und Unterschiede.

ANALYTIK

Überlegt in der Lerngruppe, in welcher Beziehung die folgenden Begriffe zueinander stehen: Ich, Person, Mensch, Körper, Bewusstsein und Identität.
Gestaltet gemeinsam eine kleine Grafik, in der Zusammenhänge durch Pfeile verdeutlicht werden.

Bildet Kleingruppen: Lest den Text des Philosophen John Locke (1632–1704) auf S. 62 und versucht zunächst, unbekannte/unklare Wörter zu klären (z. B. „Substanz").

Erklärt anschließend in eigenen Worten, was Locke unter den Begriffen „Person" und „Identität" versteht, und schreibt eure Erklärung auf.

Wendet anschließend Lockes Aussagen auf Sami und Hendrik an: Inwiefern kann man bei den beiden von der Identität der Person sprechen?
Haltet ihr Lockes Unterscheidungen für sinnvoll? Begründet eure Meinung.

Ich – Zustandsbeschreibung

DIALEKTIK Diskutiert,

a) ob Hendrik Jahn zu Recht sagt, dass er nicht mehr Hendrik Jahn sei und

b) ob Sami sich zu Recht als Sami bezeichnet.

Was haltet ihr von den Aussagen des Dr. Ernst? Begründet eure Meinung.

9. […] müssen wir, um festzustellen, worin die Identität der Person besteht, zunächst untersuchen, was Person bedeutet. Meiner Meinung nach bezeichnet dieses Wort ein denkendes, verständiges Wesen, das Vernunft und Überlegung besitzt und sich selbst als sich selbst betrachten kann. Das heißt, es erfasst sich als dasselbe Ding, das zu verschiedenen Zeiten und an verschiedenen Orten denkt. Das geschieht lediglich durch das Bewusstsein, das vom Denken untrennbar ist […]. […] jeder wird dadurch für sich selbst zu dem, was er sein eigenes Ich nennt. […] Soweit nun dieses Bewusstsein rückwärts auf vergangene Taten oder Gedanken ausgedehnt werden kann, soweit reicht die Identität dieser Person.

19. Das mag uns zeigen, worin die Identität der Person besteht. Sie besteht nämlich nicht in der Identität der Substanz, sondern in der Identität des Bewusstseins. […]

Quelle: Brandt, Reinhard (Hrsg.): Locke, John, Versuch über den menschlichen Verstand, in: 2. Buch, Band. 2. Kap. XXVII: Über die Identität und Verschiedenheit, Felix Meiner Verlag: Hamburg 2000

SPEKULATION Begründe schriftlich: Kann man sich seine Identität selbst erschaffen? Denke bei der Beantwortung der Frage auch an die Möglichkeiten innerhalb der Social media und auch an VIPs/Celebrities, die sich auf bestimmte Art und Weise in der Öffentlichkeit präsentieren.

Medientipps

Brüning, Barbara; Martens, Ekkehard (Hrsg.):
Philosphie und Ethik unterrichten:
Anschaulich philosophieren – Mit Märchen, Fabeln, Bildern und Filmen
Beltz, 2007.
ISBN 978-3-7296-0808-5

Martens, Ekkehard:
Reclams Universal-Bibliothek:
Philosophieren mit Kindern: Eine Einführung in die Philosophie
Reclam, 1999.
ISBN 978-3-1500-9778-6

Sistermann, Rolf; Tiedemann, Markus (Hrsg.):
Zeitschrift für Didaktik der Philosophie und Ethik (ZDPE):
Jugendliteratur
Heft 1/2016, Jg. 38
Siebert Verlag, 2016.
ISSN 0945-6295

Tiedemann, Markus:
Prinzessin Metaphysika
Eine fantastische Reise durch die Philosophie
Georg Olms Verlag, 1999.
ISBN 978-3-4870-8412-1

Tiedemann, Markus (Hrsg.), Fritsch, Eva; Lemke, Claudia (Autorinnen):
Themenhefte Philosophie: Glück und gutes Leben
Verlag an der Ruhr, 2015.
ISBN 978-3-8346-2630-1

Tiedemann, Markus (Hrsg.); Jesch, Tatjana (Autorin):
Themenhefte Philosophie: Arbeit – Wirtschaft – soziale Gerechtigkeit
Verlag an der Ruhr, 2014.
ISBN 978-3-8346-2524-3

Tiedemann, Markus (Hrsg.); McGuian, Karen (Autorin):
Themenhefte Philosophie: Medizin und Wissenschaft
Verlag an der Ruhr, 2014.
ISBN 978-3-8346-2523-6

Tiedemann, Markus (Hrsg.); Möller, Cordula (Autorin):
Themenhefte Philosophie: Altern – Sterben – Tod
Verlag an der Ruhr, 2014.
ISBN 978-3-8346-2771-1

Zoller Morf, Eva:
Selber denken macht schlau: Philosophieren mit Kindern
Zytglogge, 2010.
ISBN 978-3-7296-0808-5